理系読書

読書効率を
最大化する
超合理化
サイクル

犬塚壮志

ダイヤモンド社

はじめに

いい読書は、問題発見力と仮説思考力で決まる

数ある「読書術」から、この本を手に取っていただき、ありがとうございます。

「1冊の本を速く読み終えたい」

「たくさんの本を効率的に読みたい」

「読んだ本の内容を記憶に定着させたい」

そんな悩みを解決したい人が多くいると思いますが、本書は速読スキルや記憶術を使って、読書術を指南する内容ではありません。従来の読書術では解決できなかった読書に関する皆さんの悩みを、新しいアプローチで解決するものです。

「1冊15分で読む方法があるとしたら？」

「1冊丸ごと読むよりも、本の内容が身につく高い効果を得る方法があるとしたら？」

そんな方法が読書の本質に迫った「理系脳読書術」にあります。最短最速で著者の経験知やノウハウを自分の頭にインストールし、自分の問題解決に役立てる至極の読書術です。

本書が提供するのは、**文系が知らない「理系の読み方」**です。理系の人間は、問題を発見し、仮説を立てて検証実験するという一連の学習サイクルを習得しています。

このサイクルを読書に当てはめた**「超合理化サイクル」で読書効率を最大化して、効果的に本を読んでいく**ことが、本書の趣旨です。

具体的には、「問題発見力」と「仮説思考力」により、読むべき箇所の絞り込みを行い、読書の時短を徹底し、読む時間をおよそ15分に絞ります。さらに、現実世界での「検証実験」に時間を割くことで、自分に変化を起こし、読書で得られるリターンを最大化します。

理系脳読書術、略して**『理系読書』は、超合理的な知的生産システム**です。この**読書スキルを自分のモノにすることで、本を速く、大量に読めるようになり、自分をスピーディーに成長させられる**のです。

理系が実践していた合理的手法を読書に応用

かつては私も、読書に対して苦手意識を持っていました。多くの人と同じように、本を速く読めないし、読んだ本の内容が頭に残らないと悩んでいました。

しかし、あるとき、職場の大先輩の言葉で気づかされてからは、読書に対する考え方が変わりました。

「読書は自分の問題解決のためにするもの。1冊丸ごと読むことが目的ではない。全部読むよりも、本の内容をいかに実践するかが大事」、そう考えるようになったのです。

思い返せば理系の大学生だった時代も、実験やレポート作成に必要な大量の論文や専門書を読みこなすために、合理的な読み方をしていました。

自分の研究に必要な情報のみを瞬時にピックアップして、それ以外の情報はすべて捨て切るという、実利に特化した読書を実践していたのです。

時短と効率を徹底した読書術で、忙しい研究の合間に時間を確保。その時間でさらなるインプットとアウトプットをしたことにより、東大入試よりも難しいとされている業界最難関の駿台予備学校の採用試験に一発合格を果たしました。

しかし、社会人になってから、いつの間にか、この読み方をやらなくなっていました。

なぜなら、大学図書館でタダ同然で読みあさっていた読書の機会がなくなり、自腹で本を買うようになってから、全部読まないともったいないという気持ちが働いていたからです。

全部読もうとすると、時間はかかるし、読んで覚えたつもりでも読み進めていくうちに忘れてしまいます。大事な問題解決にもなかなか着手できません。

この問題に気づき、かつて理系学生のときに実践していた読み方で、自分の問題解決につながる情報を得ようと、少ない給料をやりくりしてたくさんの本を買い、読書しました。その結果、実力に応じて上がっていく予備校講師としての年収が、300万円ほどから数年で1800万円近くまで上昇したのです。

本書は、こうした経験で今まで磨き上げてきた読書術を、誰でも実践できるかたちに体系化したものです。

私が予備校講師だったとき、この読書術を生徒に教えたところ、

- **参考書を読む時間が減った（インプット時間の削減）**
- **読んだ内容を使って問題を解く時間が増えた（アウトプット時間の増加）**
- **「自ら弱点を発見し、解決する」能力がアップした**

などの効果が得られました。そして、この読書術を使うと、**「能力の伸びが著しく早く**

なる」ことがよくわかりました。

ビジネスパーソンや学生が、理系読書のノウハウを活用すれば、著しい成長を実感できるはずです。

『理系読書』で得られる5つの力

さらに、『理系読書』のスキルを身につけることで、次の5つの力が養われます。

- **問題発見力**――「自分には何ができないのか」「なぜそれができていないのか」、問題を見つける能力。問題点を明確にできれば、解決に向けて必要な情報を絞り込みやすくなる
- **抽象化力**――本に書かれたノウハウを、数学の公式のように抽象化して覚える能力。抽象化力を磨けば、あらゆる本からルールを導き出すことができる
- **仮説思考力**――見つけた問題に対してどんな解決策があるのか、仮説を立てる能力。仮説思考力で集めるべき情報が厳選され、精度の高い検証・評価ができるようになる

- **行動デザイン力**――「問題発見」「仮説」「検証実験」「評価」といった読書のプロセス全体を設計する力。この力があれば本のノウハウを現実世界に落とし込める
- **評価重視力**――実験した内容を適切に評価する能力。評価重視力を高めることで、必要な能力が速やかに身につき、その後の改善策や具体的アクションが明確になる

これらの**5つの能力を高めることにより、学生でも社会人でも年齢を問わず、圧倒的な早さで成長できる**のです。

読書は楽しい。実践すればもっと愉しい

本書では、誰でも身につけられるように、本の読み方を「読む」「やってみる」「確かめる」の3段階に分け、簡潔かつわかりやすく紹介していきます。

序章では、理系の読み方とはどんなものか、全体像やメリットを理解していただきます。

第1章では、読書の効果を劇的に高めるために、前提となる考え方・ルールを解説します。

第2章は、本を「読む」方法です。どんな読み方をすれば効率よく読めるのか、４つのステップに分けて解説します。

第3章は、本の内容を「やってみる」、つまり実践・経験する方法について解説します。

第4章は、第3章の「やってみる」をした結果がどうなったのか、「確かめる」段階です。知識やスキルの定着を評価し、どのような成果が得られたかを把握します。

以上のように、「読む」だけでなく、「やってみる」「確かめる」も一気にこなして本の情報を自分のモノにするのが『理系読書』の特徴です。

読書は、それ自体が「楽しい」行為です。しかし、読書で得た知識やスキルで自分が変わるほうが「愉しく」、読んだ内容を実践に移し、自分の成長を実感できれば、もっと充実した瞬間を味わえるはず。そう考えると、なんだかワクワクしてきませんか?

ぜひ本書を読んで、「読書で自分の能力が確実に上がった!」と実感してください。

本を読み、成長する喜びを多くの人に味わっていただくことは、著者としてもこれ以上ない喜びです。

理系読書　読書効率を最大化する超合理化サイクル●目次

序章

文系の知らないとっておきの理系の読み方

第1章

読書の効果が劇的に高まる3つのこと

第2章

読解力を高めて、読書をモノにする理系読書

第3章

知識とスキルがたちまち3倍アップする読書の検証実験

第4章

わかっただけではなく、きちんとできているか？

アイコン●M.Style / Palsur / Shutterstock

序章

文系の知らないとっておきの理系の読み方

なぜ、理系は難しい本を多読できるのか？

本を読むことが問題解決につながる喜びとなる

なぜ、理系の学生は多くの難解な本を読めるようになるのか。それは、「必要に迫られたから」「やらなきゃ進級できないから」だけではありません。

おそらく、**「本を読むことが問題解決につながる喜び」を日々、実感できている**からです。

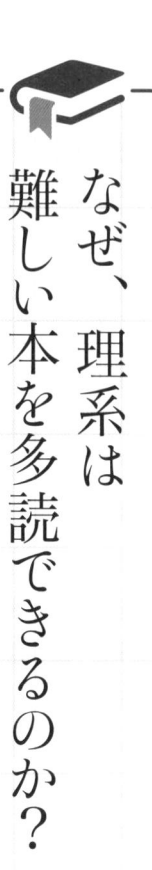

理系の学生が与えられる課題の答えは、簡単には見つかりません。どの本にも書かれていない答えを導くために、たくさんの本を読み、文脈を理解して、エッセンスを抽出し、それらをいくつもつなぎ合わせることで、自分なりの答えを導き出す必要があります。

複数の本に書いてある知識を組み合わせることで、ようやく問題解決につながるのです。

ロールプレイングゲームでたとえると、剣や盾など何種類もの武器を身につけることで、あっという間にボスを倒すことができる……そんな状況と似ているかもしれません。より強いボスを次々と倒していくたびに、ステージをクリアしていく快感を得られるからこそ、いろいろな種類の武器を身につけたくなる——私にとっての読書はそんな感覚でした。

私は読書の持つそうした効能に、大学生、そして社会人生活を通して気づき、衝撃を受けました。

それまでは、1冊の本を隅から隅までじっくり読むことが、問題解決につながる本の読み方だと思っていたからです。

しかし、それは本当の意味で問題解決につながる読書とはいえません。

自分に降りかかる悩みや世の中の問題は非常に複雑かつ個別具体的で、1冊の本で明確な答えを示せるものではないからです。**1冊の本の内容だけで解決策を無理やり導き出そうとすると、非効率になる**こともあるのです。

ではどうすればいいのか。**「多様なジャンルの本を読むこと」**です。

多くの本から必要な箇所だけを速やかに読み取り、そこで得た情報を現実世界で活用することが、合理的な問題解決方法となります。

時には複数の本に、同じ内容が書かれていることもあります。それを、「何だ、あの本と同じことが書いてあるな」とネガティブに捉える必要はありません。**複数の本に書いてある内容は、重要な事実であったり、多くの人の常識だったりする可能性が高い**からです。それが確認できただけでも、読書の成果は得られたといえます。

理系学生のときに、このような読書のあり方を知ることができたのは、大きな財産でした。

読書のハードルを下げられるところまで下げる

最初から最後まで読み切る必要はない

読書についての悩みに、

「1冊の本を読み切ることができない」

「集中力が続かずに途中で飽きてしまう」

などがあります。


しかし、そもそも本は最後まで読み切ることが目的なのでしょうか?

読書の目的は何かといえば、娯楽を除けば、究極的には「問題解決」です。

ビジネスパーソンや学生が自分の目の前にある問題を解決するために、具体的な方法や解決につながるヒントを得たいと考え、情報を収集する。それが本来の読書の目的です。

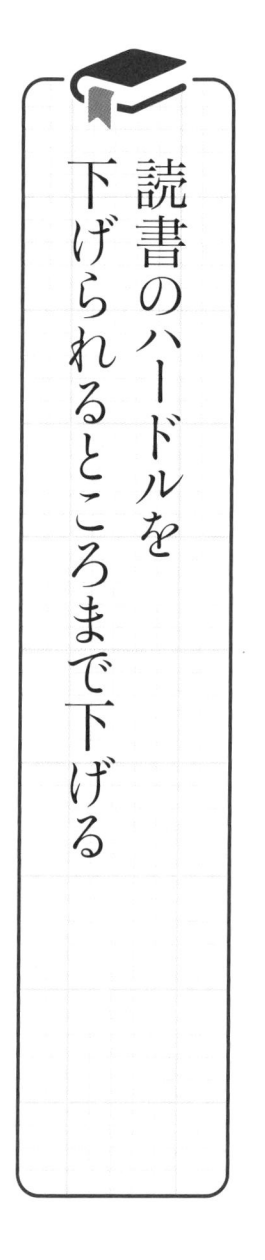

問題解決を目的とする読書の場合、大切なことは、「いかに早く精度の高い解決策にたどり着けるか」です。

したがって、たとえ**読んでいる途中でも、解決策にたどり着ける情報を抽出できたなら、それでその本の役割は終了**です。数行読んだだけでも、目的を達成できたところで本を閉じてもかまわないのです。

実際に、私はそのような意識で読書をしています。

- **目次や前書きなどを見て、必要だと思われる箇所のみを抽出する**
- **そのページを読んで問題解決につながる方法を発見する**
- **抽出した情報を生かして、すぐに問題解決に取り組んでみる**

社会に出て予備校講師になってから、買った本を1冊1冊すべて読み切るほどの時間的な余裕はなかったため、そんなスピード感を持った読書術を、忙しい日々の中で身につけていったのです。

「全部読まないともったいない」というマインドセットを捨てる

「せっかくお金を払って買ったのだから、全部読まないともったいない」という気持ちもわかります。

私も以前は同じ考えでした。しかし、「読書は問題解決のためにある」ことを意識してからは、もったいないという考えを捨てました。

ビジネス書は1冊1500円前後。200〜300ページほどの本を丸ごと1冊、一言一句丁寧に読むのに、数時間かかってしまうこともあります。途中まで読んだところで時間的余裕がなくなり、何日か空けて読書を再開するということが続くと、読了まで数週間以上かかります。読了できずにほったらかしになってしまい、結局何も身につかなかった経験も一度や二度ではありません。

「1冊の本は必ず読み切る」「読み終わらないと気持ち悪い」というマインドセットでいると、読了まで具体的な行動に移すことができないのです。

これはある意味で大きな機会損失です。読了までの数時間か数日、あるいは数週間、問題解決に取り組むチャンスを逃してしまうので、それこそ本当にもったいない行為です。

一方、本から自分にとって必要な部分だけを抽出し、情報を得た後すぐ行動に移したらどうでしょうか。問題を解決するまでの時間を一気に短縮できます。

時間がとても貴重な今の時代では、この本の使い方が、よほどお得です。

したがって、１５００円の本のうち、１００円程度に相当する分量しか読まなくてもいいのです。**ちょっとだけ読んですぐに実行に移したほうが、結果的に大きなリターンを早い段階で得られる**からです。

そのため、「全部読み切らなければ」というマインドセットを意識的に捨てています。

今では、**「全部読んでいたら逆に時間がもったいない」**です。

レストランのメニューと一緒だと考えましょう。

レストランに入って、メニューを頭から順に読んでいく人はいません。たいていは自分の好みのジャンルが載っているページを開き、その中から今日の気分に合った1品を探します。最終決定で迷うことはありますが、一度決まったら、もうメニューは用なしです。

最後のページまで几帳面に読むこともありません。

読書も同じです。

- 自分にとって入手したい情報を決めておき、それを探すためにページをめくる
- 必要な情報を入手したら、本を閉じて行動に移す

そんな読み方が、本のコストパフォーマンスを最も高めてくれる読み方なのです。

「速読」ができなくても「時短」はできる

速読は必要ない

インターネット検索で「本　速読」と入力すると、数百万件ヒットします。読書における速読のニーズがそれだけ高いのでしょう。

確かに、大量の情報が載っている本を短時間で読むことができたら便利です。本を読み切る時間が短くなればなるほど、多くの本を読めるので、頭もよくなりそうです。

しかし私は、**「速読はできなくてもいい」**と考えています。重要なのは、**「どれだけ読まないで済ませるか」**です。

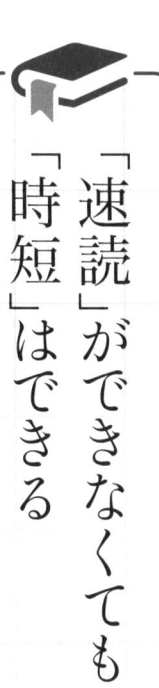

私自身も過去にいろいろな速読法の本を読み、試してきました。

本をたくさん読みたかったのですが、予備校講師は一日の労働時間が非常に長く、読書する時間を捻出することはなかなか難しい。それならば1冊を速く読むしかないと、速読を身につけようとしたのです。

本のページを1枚の画像のように脳に記憶させる方法、すばやく眼球を動かす方法、キーワードだけを拾い上げる方法など、いろいろな速読法を試しましたが、どれもうまくいきませんでした。何となく速く読めるような気にはなるのですが、実際には全然頭に入ってこず、すぐに忘れてしまい、なかなか問題解決に至らなかったのです。

そんなあるとき、同じ予備校で大先輩にあたる先生の言動から大きなヒントを得ました。その先生は私と同じ化学担当で、複数の予備校を掛け持ちしている超人気講師でした。教え方がうまいだけでなく知識も豊富で、尊敬できる方です。

ある日、予備校の講師室で授業が始まるのを待っていたときのことです。その先生が書店の紙袋を机の上にドサッと置きました。中には6、7冊の本が入っています。

「そんなにたくさんの本、いつ読むんですか？　先生お忙しいですよね？」

「今日中に1冊読んで、土日に3、4冊。他はスキマ時間に読んじゃうかな」

ほぼ1週間で読み終えてしまうとのことです。私は驚いてまた聞きました。

「どうやったら、そんなに速く読めるんですか?」

「全部の本を最初から最後まで読むわけじゃないよ。必要なところだけ読めばいいんだよ」

その返答に、私は大きな衝撃を受けました。

ただ思い返してみると、私も学生時代、専門書や学術論文を先生と同じような読み方をしていました。当時は図書館の本を読むだけだったので、もったいないなどとは思わず、必要な箇所だけを拾って読むだけでした。

ところが社会人になって自腹で本を買うようになると、途端に「もったいない」という意識が生まれ、全部読まなければ気が済まないようになっていたのです。

しかし、全部読んでも、その情報を使えていないのでは意味がありません。一部分しか読まなくても、その情報を自分に生かしている先生のほうが、よほど正しい読み方をしているのではないか。そう考えたのです。

「買った本を必ずしも全部読まなくてもいいんだ!」、そう確信した瞬間でした。

全部読まないことで読書にかける時間を短縮できる。急いでページをめくらなくても、短時間で読了できます。

つまり、**速読法を身につけなくても、速く読むことはできる**のです。

読了とは、問題解決に必要な情報を得られた瞬間

最初から最後まで読まないのであれば、どの時点で「読了」したといえるか。

私は、**「問題解決に必要な情報を得られた瞬間」**を読了と定義しています。

ただし、情報を得ただけではダメで、その情報を現実世界で実践して、問題の解決に結びつけなければ意味はありません。

問題解決のための読書で重要なことは、**「全部読む」**ではなく、**「どこを読むか」**です。情報の取捨選択が大きなポイントとなるのです。

頭のいい理系は1冊15分で「合理的」に読む

集中力が続くのは15分。だから1冊15分で読む

本を読むうえで大切なことは、いかに合理的に読むかです。

最初から最後まで全部読んで「読み終わった」という達成感を得たとしても、そこから得られた情報を使いこなせていなければ合理的とはいえません。その反対に、数ページ読んだだけでも、自分自身の問題解決やスキルアップにつなげられたら、合理的な読み方といえます。

そんな合理的な読書を追求してきた私は、1冊の本をおおむね15分くらいの時間で読了できるようになりました。

本の内容に没頭して15分以上読んでしまうこともありますが、それでもせいぜい30分。1時間も2時間も読むことはありませんし、むしろ最初から最後まで読まないと必要な情報が引っ張り出せなかったときは、「あ〜、非効率な読み方しちゃった」と落ち込むほどです。たくさんの情報に長時間触れたのにもかかわらず、自分にとって必要な情報がほとんど得られなかったときは、たとえ1冊丸ごと読み切っても、時間がもったいなかったと思ってしまうのです。

なぜ15分か。それは予備校講師時代に、まとまった読書時間を取れず、電車移動の時間やスポーツジムでエアロバイクに乗っているときなど15分程度なら集中して読書しやすかったから、という個人的な事情が理由の一つです。

ただ、後日知ったのですが、15分で区切るのは合理的な方法でした。15分で1冊読み切れなかったとしても、**15分1セットの読書を数回繰り返すほうが、一度に長時間読み続けるよりも読書の内容を記憶しやすくなる**からです。このことは、東京大学薬学部教授の池谷裕二教授が発表した「〝長時間学習〟よりも短時間集中の〝積み上げ型学習〟が有効であった」という研究結果と合致します。

社会人は忙しい毎日を送っているので、本を読むのにかける時間を細切れにして積み重ねたほうがいいのです。15分単位で1冊読み切って、すぐさま問題解決につなげることができれば、コストパフォーマンスの高い読書といえます。

読書とはワクワクする実験。読書に使える「超合理化サイクル」とは？

ここで重要なのは、15分で本を読み切ることではなく、問題解決というリターンを得ることです。

ではどうすれば、読書のリターンを最大化できるか。さまざまな方法を検証し、合理化を追求した結果、最も効率的に読書ができるフレームワークを編み出すことができました。

そのヒントは、学生時代に学んだ科学実験の技法にありました。

実験とは面白いもので、手順通りにやればいいというわけではありません。徹底した「準備」が必要不可欠です。また、マニュアル通りに「実験」を進めても、うまくいくときもあれば、欲しい結果が得られないときもあります。うまくいかない場合は、結果を含め、プロセス全体をきちんと「評価」することが実践的な学びにつながります。

つまり、「準備する」「実験する」「評価する」の3ステップすべてが実験には必要不可欠なのです。これらのステップをベースにしたのが、本書で紹介する「超合理化サイクル」です。

①準備する（＝読む）

本の中から自分の問題解決に必要な素材（情報）を集めて、どんな実験を行うか計画を立てる。

②実験する（＝やってみる）

①で集めた素材を使い、立てた計画に基づいて、現実世界で問題解決を試みる。

③評価する（＝確かめる）

試してみたことがうまくいったのか、いかなかったのか、検証する。人間相手の場合などは想定通りにいかないことも多々ある。うまくいかなかったとしたら、その結果を検証し、改善策を立てる。

このようなステップを踏みながら、読書（準備）で得た情報を現実の世界でやってみて（実験）、確かめます（評価）。このサイクルを一周回すと、多かれ少なかれ新たな改善点が見つかるはずです。そうしたら今度は、その改善点を修正すべく、バージョンアップされた新たな読書のサイクルに突入します。

このステップをぐるぐる回していく「超合理化サイクル」により、読書の効果を最大化させるのです。

学生時代に科学実験の技法を学んだことがある人でも、読書に当てはめて実践している人はあまりいないのではないでしょうか。でも私は、読書にこそ、このサイクルの威力が生きてくると考えています。

料理についても同じことがいえます。一流料理店のレシピを手に入れたとしても、素人が同じ味を再現できるとは限りません。でも、きちんと道具を準備して、レシピ通りに作り、作った料理を検証して……というサイクルを繰り返してスキルを磨いていけば、まったく同じ味は難しくてもプロに近い味は再現できるようになるはずです。

この超合理化サイクルの具体的な手順については第2章から第4章にかけて、詳しく解説していきます。

超合理化サイクルを回す

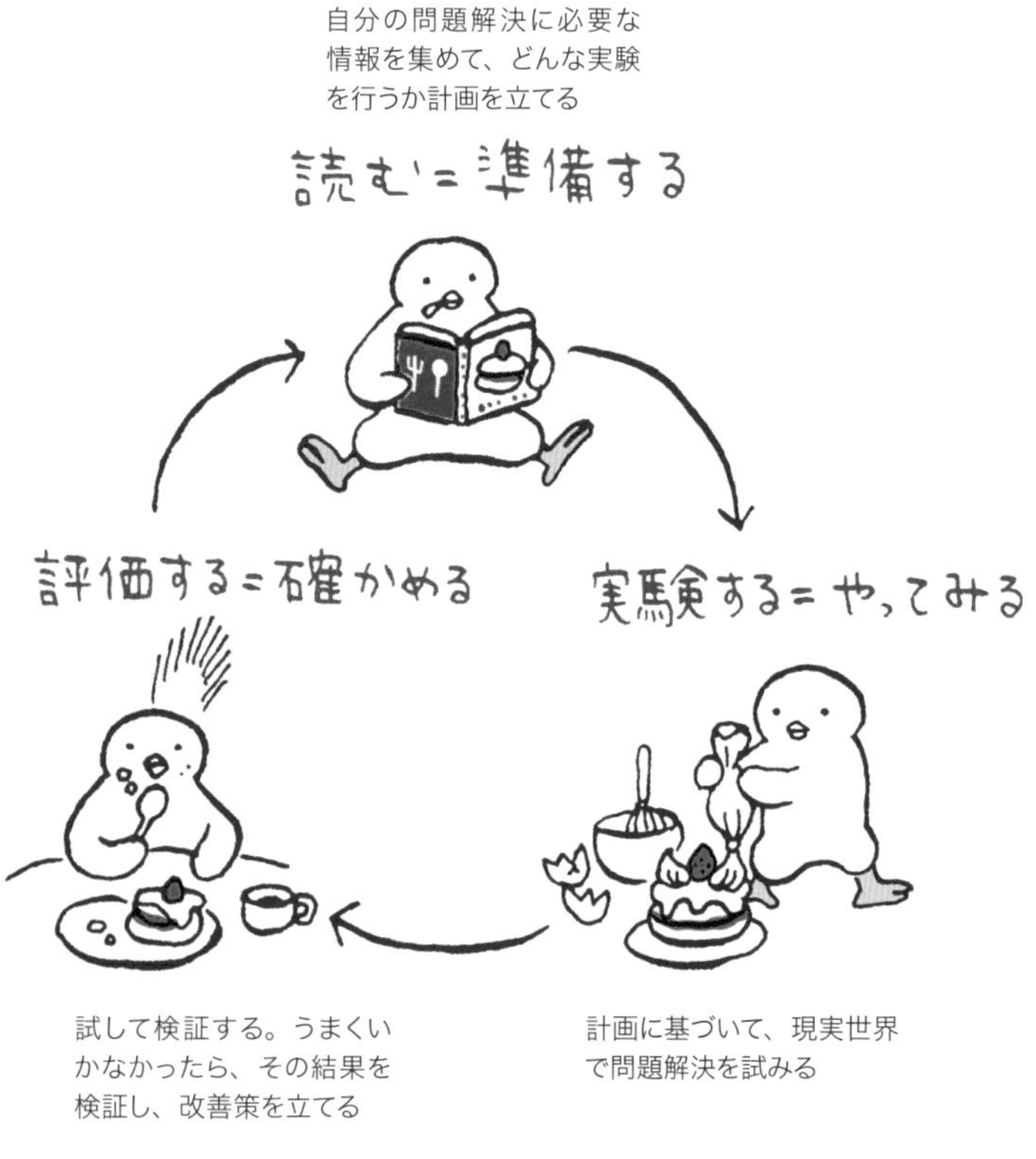
自分の問題解決に必要な
情報を集めて、どんな実験
を行うか計画を立てる
読む＝準備する
実験する＝やってみる
計画に基づいて、現実世界
で問題解決を試みる
評価する＝確かめる
試して検証する。うまくい
かなかったら、その結果を
検証し、改善策を立てる

読書の正解は現実世界における変化量でわかる

読書の効率を測る公式とは？

読書の効率について、さらに考えてみましょう。

読書をするなら、効率よく読んだほうがいいものです。では、読書の効率とは何なのか。

読書の効率は、「得られる効果」を「投じたコスト」で割ることで求めることができます。

式にすると、このようになります。

読書の効率（コスパ）＝得られる効果÷投じたコスト

この式で、「読書の効率」をより大きくするための方法は2つあります。

読書の効率を測る公式

読書の効率（コスパ） ＝ 得られる効果 ／ 投じたコスト

得られる効果は、「現実世界における変化量の大きさ」でわかる

1つは、**分子（得られる効果）を大きくする**ことです。得られる効果は、「現実世界における変化量の大きさ」と言い換えることができます。

本を読むのはあくまでもバーチャルな体験であり、読んだだけでは現実世界には何の変化も起こりません。しかし、**本の内容を実践に移せば、現実世界に何らかの変化を起こせます。**

その変化が大きければ大きいほど、得られる効果が高いということです。

たとえば、株式投資の本を読んで投資したときに、1万円だけ儲かるよりも100万円儲かったほうが、効果があったといえます。

マネジメントに関する本を読んだ後に、日々の部下の管理に使えるテクニックを、1つよりも2つ、3つと身につけられたほうが、より大きな変

化が表れたといえます。

したがって、読書の効率を考える際は、得られる効果（変化量の大きさ）に目を向ける必要があるのです。

読書の効率を高めるもう1つの方法は、**分母（投じたコスト）を小さくする**ことです。つまり、より低いコストで読書をすることです。

この場合のコストとは、「お金」「時間」「労力」を指します。

お金や時間についてはわかりやすいでしょう。得られる効果が同じとき、類似の本を何冊も買うより1冊読むだけで実践できたら、後者のほうが効率のいい読書だといえます。1冊の本を読むのにかける時間も、短いほうが効率はいいですよね。

では、コストのもう1つの要素である労力についてはどうでしょうか。ページを指でめくるのも労力の1つですが、それよりも私は**「ストレス」が最大の労力**だと考えています。

文芸書やノンフィクション、趣味の本などを娯楽として読むのは純粋に楽しい行為ですが、ビジネス書や専門書など実利目的の本を読むことは、必ずしも楽しいとは限りません。

必要に迫られて読むことも多いので、ページを開くのがおっくうだったり、仕事で忙殺されているときの読書は苦行のように感じたりもします。

後ろ向きな気持ちで本を読むと、どっと疲れてしまいます。

たとえ読書によって何らかの効果を得られたとしても、読むときに感じるストレスが大きければ、その読書の効率は高いとはいえないのです。

では、ストレスを抑えつつ読書をするにはどうすればいいか。**自分の集中力が続く間だけ読書すればいい**のです。

つまり、集中力が切れたら本を閉じてしまう。15分集中できなくてもかまいません。**読むのがしんどいと感じた瞬間に、読書をいったんやめてしまいましょう**。

そうすることで「この後もまだ読み続けなくちゃ……」のようなストレスを減らし、結果的に読書の効率（コスパ）を高めることができるのです。

本から得る情報の「質」を最大限に高める

質の高い情報は、再現性と汎用性が高い

「どれだけの冊数の本を読むか」を、読書の目的とする人がいるかもしれません。私も仕事柄、それなりの冊数を読んでいますが、何冊読むかは、目的にも目標にもしたことがありません。

私が重視しているのは、**「1冊の本から得られる情報の質を高める」**ことにつきます。

これは、「量」をこなすことで高まります。「量より質」とよく言いますが、「量」と「質」の二元論ではなく、読書は「量から質」です。

本を読んでリターンを得るために重視すべきは、読むスピードでも冊数でもなく、得られる情報の質をどこまで高められるかです。

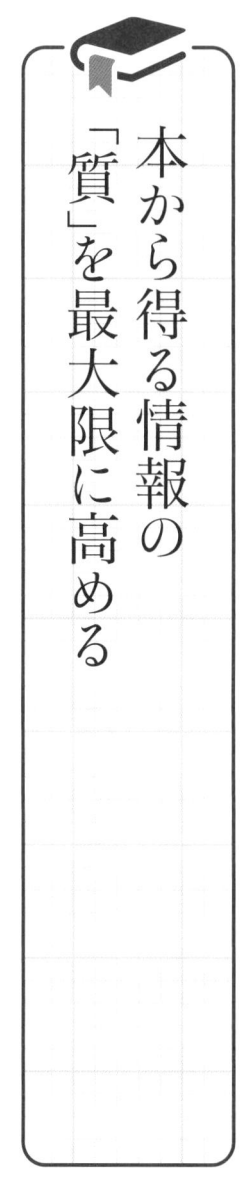

それでは、質の高い情報とはなんでしょうか？　それは、得た情報で、自身の問題解決ができたかどうか。成果につながったかどうか。リターンを得られたかどうか。理系読書では、これで質の高さを測ります。

なかでも、**質の高い情報といえるのが、「再現性と汎用性の高い情報」**です。知っておけばいろいろな場面で使える、使い勝手のいい普遍的な法則のようなものです。

たとえば、有名な心理学の理論「マズローの欲求5段階説」です。

この理論によると、人間の欲求には、下から順に「生理的欲求」「安全の欲求」「社会的欲求」「承認欲求」「自己実現欲求」の5段階があります。

生理的欲求とは、「お腹いっぱい食べたい」「しっかり睡眠を取りたい」など一番低次元な欲求です。そこから上にいくほど高度な欲求になっていきます。最上位の自己実現欲求とは、自分の持つ能力を最大限に発揮して、理想的な人物になりたいという欲求です。

人間は5段階のうち、低い階層の欲求が満たされると、上の階層の欲求を求めるようになります。

私は教育心理学を学んでいるときに、この5段階欲求について知り、生徒とコミュニケーションで活用することができました。

大学受験に失敗してモチベーションが低下している高卒生は、「生理的欲求」や「安全の欲求」は満たされていますが、「社会的欲求」や「承認欲求」は満たされておらず、自信を失っています。

そこで私は、彼らの存在を承認する言葉を積極的にかけるようにしました。

「君たちは負けたから予備校にいるんじゃない。自分が譲れないと思うものを自ら選ぶ勇気があったからここにいるんだ」

「大学に入ったらやりたいことって何？　自分で自分の可能性を考えられるこの時期こそが人生で最も貴重な瞬間だよ」

「勉強は個人戦だけど、受験は団体戦だ。君たちは決して一人じゃない。全員で一緒に戦おう」

そんなふうに声をかけて、彼らの社会的欲求、承認欲求を刺激することで、モチベーションを高く維持してもらうことができました。

最近になってまた、このマズローの説が「使えるな」と感じたことがあります。新型コロナウイルス感染症拡大によって起こった、人々の消費行動の変化について考察したときのことです。

パンデミックにより、私たちは「安全の欲求」が脅かされる事態になりました。その結果、人々は身を守るために不要不急の外出や消費を控えるようになりました。

不要不急の消費で代表的なカテゴリーが、ファッションブランドではないでしょうか。実際に新型コロナウイルス感染症が猛威を振るったことで、ファッション業界の経営環境は大幅に悪化しました。

ファッション関連のブランド品は、承認欲求や自己実現欲求を満たす象徴的な存在です。より下位にある欲求さえ満たされていない状況下では、こういったブランド品を求める人が減るということです。マズローの説に当てはめて考えてみると、人々の心理状態がよく理解できました。

このように、さまざまな場面で使える汎用性が高い情報は、質の高い情報の1つであり、読書においても積極的に取り入れたいネタといえます。

読み手のニーズによって、情報の質は変わる

質の高い情報は他にもあります。読む人にとってニーズの高い情報です。

たとえば、ソフトウェアを開発したいプログラマーにとって、「生命保険営業のためのクロージング術」は何の役にも立ちません。そのノウハウがいかに秀逸であってもです。自分のニーズと本にある情報がマッチしていなければ意味がないからです。

しかし、クロージングに悩む生命保険のセールスパーソンなら、その情報は絶対に欲しい情報です。ニーズに合致しているからです。

つまり、**本に書かれている情報の質が高いか低いかは、読み手のニーズによって大きく左右される**のです。質の高い読書をしたいのなら、他の人と自分が同じかどうかは重要ではなく、自分だけの問題解決に役立つ本を選べばいいということです。

私が予備校講師時代に読んだ、自分のニーズにマッチした本として印象に残っているのは、『ザ・コピーライティング　心の琴線にふれる言葉の法則』（ジョン・ケープルズ著、神田昌典監訳、齋藤慎子・依田卓巳訳、ダイヤモンド社）でした。

ザ・コピーライティング
心の琴線にふれる言葉の法則

ビジネス上で結果が出たコピーがふんだんに紹介されている。さらにそれらのコピーがテンプレート化されているため、コピー初心者でも「当てはめるだけ」で売れるコピーが即書けるようになる、まさにバイブル的な１冊。

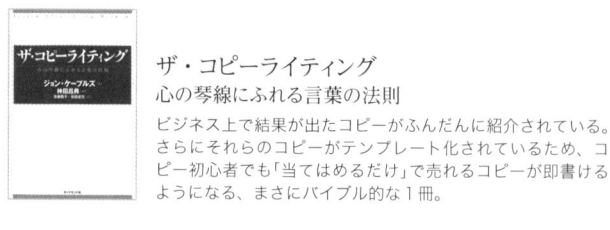

質の高い情報はどっち？

まずは、自分の穴（ニーズ）を知ること。土を盛って山をつくるより、土で穴を埋めるほうが圧倒的に楽である

予備校講師も仕事の幅が増えてくると、夏期講習のパンフレットなどに、自分で案内文を書くことができます。たくさんの生徒に自分の講座を受講してもらえれば、それが収入につながるので、この案内文のコピーは非常に重要なＰＲ手段と考えました。

そこで、私はコピーライティングの本を参考に案内文を作成。その結果、多くの生徒に受講してもらうことができました。３０００円以上する高価な本でしたが、十分に元を取れました。

このように、**「自分にとって明らかに欠けている部分を埋める情報」**が、質の高い情報です。たとえわずかな量の情報であっても、成果につなげることができます。

一方、「知っていれば役に立つけれども、自分のニーズとは関係のない情報」は、質の高い情報とはいえません。そのような情報をインプットしたとしても、労力がかかるばかりで、読書の成果は出ないでしょう。

前ページ上の図をご覧ください。何もないところに土を盛っていく作業と、土で穴を埋めていく作業では、どちらが楽に成果が上がるでしょうか。重力を利用できる、後者の作業のほうが圧倒的に楽ですよね。

読書もこれと同じです。**できるだけ投じるコストを減らして成果を出すには、まず自分の穴（ニーズ）を知ること**。そして、**読書で得られた情報を使ってその穴をどんどん埋めていけばいい**わけです。

理系の「学参」の使い方を真似するだけで、ビジネスパーソンの読書効率はぐっと上がる

学習参考書は頭から読んではいけない

ビジネスパーソンに欠かせないビジネス書や実用書の用途は、受験生にとっての学習参考書（以下、学参）と使い方が酷似しています。

受験生にとっての学参は、自分が理解できていない問題を理解し、テストで解けるようになるための武器です。**ビジネスパーソンにとってのビジネス書や実用書も、自分の足りない部分を埋めたり、自分が抱えている問題を解決したりするための武器**といえます。

成績のよい受験生の学参の使い方を参考にすれば、ビジネスパーソンの読書の効果もより高められるというのも納得がいく話でしょう。

そこで私が予備校講師時代に教えていた、学参の使い方をご紹介します。

成績の伸び幅の大きい受験生ほど、次のような学参の使い方を身につけていました。

①問題を解いてから学参を使う（＝できない問題を明確にする）
②最初のページから読まない（＝必要なページから読む）
③ノートにまとめない（＝必要な箇所を抜き出し、使いこなす）

①「問題を解いてから学参を使う」ですが、問題を解く前に学参を読まないということです。まずは問題を解き、自分が解けない問題は何なのか、自分に必要な情報は何なのかを明確にすることが大切です。

そのうえで、②「最初のページから読まない」です。そもそも、受験生には時間があまりありません。膨大な情報の載った学参を最初から最後まで一言一句すべて読んでいては、入試に間に合わないでしょう。自分にとって必要なところだけをピックアップしてすばやく読む必要があります。それを実行する前提として、「問題を解いてから学参を使う」が重要になるのです。

最後は、③「ノートにまとめない」です。学参の内容をノートにまとめると、それだけで満足してわかった気になります。ただ、実際には脳に定着しておらず、問題が解けるようにはなっていないのです。これはよくありがちな間違った学参の使い方です。

まとめるのではなく、必要なところだけを抜き出してノートにメモし、さらにその情報を使って実行に移すこと。つまり、問題が実際に解けるかどうかを検証します。このように、情報を「得る」だけでなく、「使う」ことで、脳に定着させることができるのです。

ビジネスパーソンの読書についても、この①〜③がそれぞれ当てはまります。

- 毎日の仕事や日常生活の中で、**自分にとって欠けていること、解決すべき問題を正確に把握する**
- そのうえで、**欠けている部分にマッチする情報が載った本やページを選ぶ**
- 本は全部読んで内容を要約するのではなく、**必要なところだけを抜き出し、そして現実世界で使ってみて、自分の知識やスキルとして定着を図る**

そんな読み方をすることが、ビジネスパーソンの読書にとって非常に大切です。

それでは、次章では、読書の効果を劇的に高める秘策についてお話ししていきます。

序章 まとめ

読書のハードルを下げるコツ

- 「全部読まないともったいない」という気持ちを捨てる

「速読」ができなくても「時短」は可能

- どれだけ読まないで済ませるかを重視する
- 「読了」＝「問題解決に必要な情報を得られた瞬間」

頭のいい理系の忘れない読書法

- 集中力が続きやすい、かつ記憶に残りやすい15分単位で1冊読み切る
- 超合理化サイクル：①準備する②実験する③評価するの3ステップを回す

読書の正解は現実世界における変化量でわかる

- 読書の効率（コスパ）$= \frac{\text{得られる効果}}{\text{投じたコスト}}$
- 「読書の効率」を大きくするには、①分子の「得られる効果」（現実世界の変化量）を大きくする
- 「読書の効率」を大きくするには、②分母の「投じたコスト」（お金、時間、労力）を小さくする

本から得られる情報の「質」の高さ

- 「質の高い情報」＝「再現性と汎用性の高い情報」
- 「あなたにとって質の高い情報」＝「あなたの欠けている部分を埋める情報」

理系の「学参」の使い方から学ぶ読書効率を高める3つの方法

- ①解けない問題を明確にする→解決すべき問題をまず正確に把握する
- ②必要なページから読む→自分に欠けている部分に合った情報を探す
- ③必要な箇所だけ抜き出し、使う訓練をする→必要な部分を抜き出して使ってみて定着を図る

第1章

読書の効果が劇的に高まる3つのこと

読書の効果を上げるために、本を読む前に忘れてはいけない3つのこと

読書の効果を最大限に高める

せっかく読書をするなら、「あー、面白かった」で終わらせるのではなく、本からインストールしたものを使ってみることで、効果を最大限に高めたいものです。

「本を読んで販促企画を立てたら、見込み客を前月の1・5倍獲得できた」

「コーチング本で学んだ『聞くスキル』を実行したら、部下が前向きに意見を言ってくれるようになった」

そんな成果を出せれば理想的です。では、どうすればそのような効果を読書で得られるのでしょうか。

読書の効果を最大限に高めるには、次の3つの要素が大切です。

読書の効果を最大限に高める3つの要素

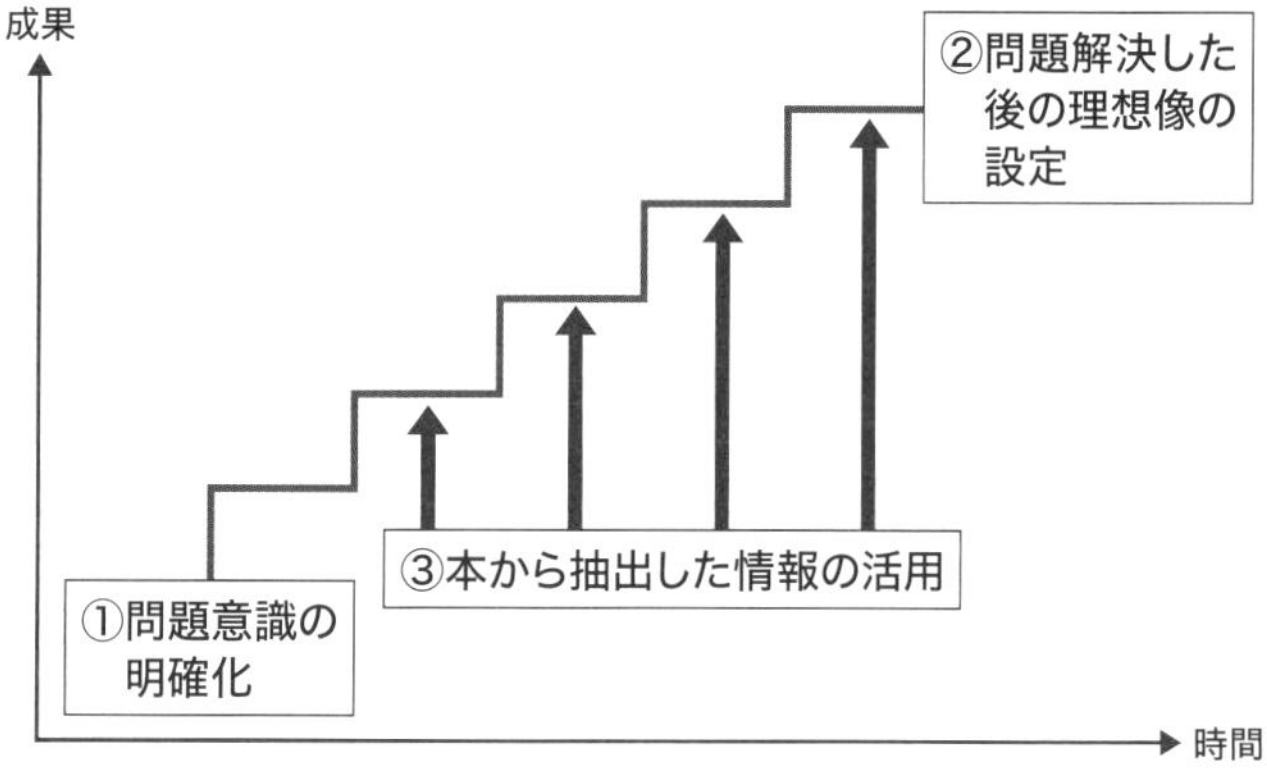

①問題意識の明確化
②問題解決した後の理想像の設定
③本から抽出した情報の活用

まず、現状に対する問題意識があり、問題解決した先には「こうなりたい」という理想像（成果が出た状態）があります。そこまで行くには、いくつかの問題をクリアしながら階段を上っていく必要があります。その一つひとつの階段が、本から抽出する情報です。

自分にとって必要な情報を活用していくことで、問題解決へ向けた階段を上り、最終的に、読書前に設定した問題解決した後の理想像にたどり着くことができます。図で描くと、上のようなイメージです。

この3つのうち1つでも欠けていたり、各要素に対する意識が低かったりすると、読書の効果は半減します。

問題意識がなければ、そもそも何から始めればいいか判断できません。また、問題解決した後の理想像を設定していなければ、自分にとって必要な情報が明確になりません。

さらに、抽出する情報を絞り込まないと、余計な情報にとらわれてしまい、ゴールまで最短距離で上っていくことができません。

この3つの要素を明確にすることで、どんな効果が得られるでしょうか。

たとえばセールスパーソンが、クライアント先で行われる大事なプレゼンの前に、本を読んでスキルを磨こうと考えたとします。

ここで問題解決した後の理想像が明確になっていると、たとえば、プレゼンとはほとんど関係のない、「会話が途切れないための雑談テクニック」のような本や章、項目を読まずに済みます。

当然、雑談のスキルは伸びないでしょうが、肝心のプレゼンスキルに絞り込めるため、スキルアップのスピードは上がり、提案そのものが通る可能性も高まるはずです。問題意識や問題解決した後の理想像が明確になっていれば、高い精度で本から抽出すべき情報を絞り込むことができるのです。

もし、このセールスパーソンが「プレゼンスキルの不足」を自分の問題として意識していなかったら、まったく異なるジャンルの本を読んでしまっていたかもしれません。

あるいは、問題意識が明確だったとしても、問題解決後の姿が不明瞭だったら、「提案を通すためのわかりやすいプレゼンスキル」ではなく、「スティーブ・ジョブズのような聴衆を惹きつける華やかなプレゼンスキル」の本を読んでしまっていたかもしれません。

適切な問題解決した後の理想像を設定することができていれば、読むべき本・読むべき箇所を正しく選択できます。その結果、最適なステップを踏むことができ、プレゼンを成功させるという最終目標に最短でたどり着くことが可能になるのです。

理系の「問題発見力」で問題意識にピントを合わせる

問題意識は「なぜ?」から生まれる

理系読書をするうえで大切なのは、1冊の本の中から、自分にとって必要な情報のみを抽出して実践することです。

何が必要な情報かは、自分に問題意識がなければ明らかになりません。

その問題意識を明確にする力が、「問題発見力」です。日常生活の中から問題を見つけ、自分ごととして捉える力です。

問題発見力がないと、問題意識も生まれないので、問題の改善や自己成長につながる読書ができないのです。

では、問題発見力をどう育て身につけていくか。「欠乏感」や「欠如の意識」が、その根源には必要です。これは、私の専門分野の1つである自然科学では一般的な考えです。

自然科学は、「なぜ?」からスタートする学問だからです。

「なぜ、りんごは下に落ちるのか?」

「なぜ、太陽は東から昇って西に沈むのか?」

「なぜ、海水は塩っ辛いのか?」

「なぜ」を起点に理論の追求が始まり、その後の実験・研究の積み重ねで仮説が証明されていきます。**問題を発見するときに重要な出発点は、「なぜ」から入ることです。**

ビジネスや日常においても同様です。

「なぜ、先輩と同じようにやっているのにうまくいかないのか?」

「先輩にあって自分にないものは何か?」

「その自分にないものを埋めるにはどうすればいいか?」

問題意識を見つける

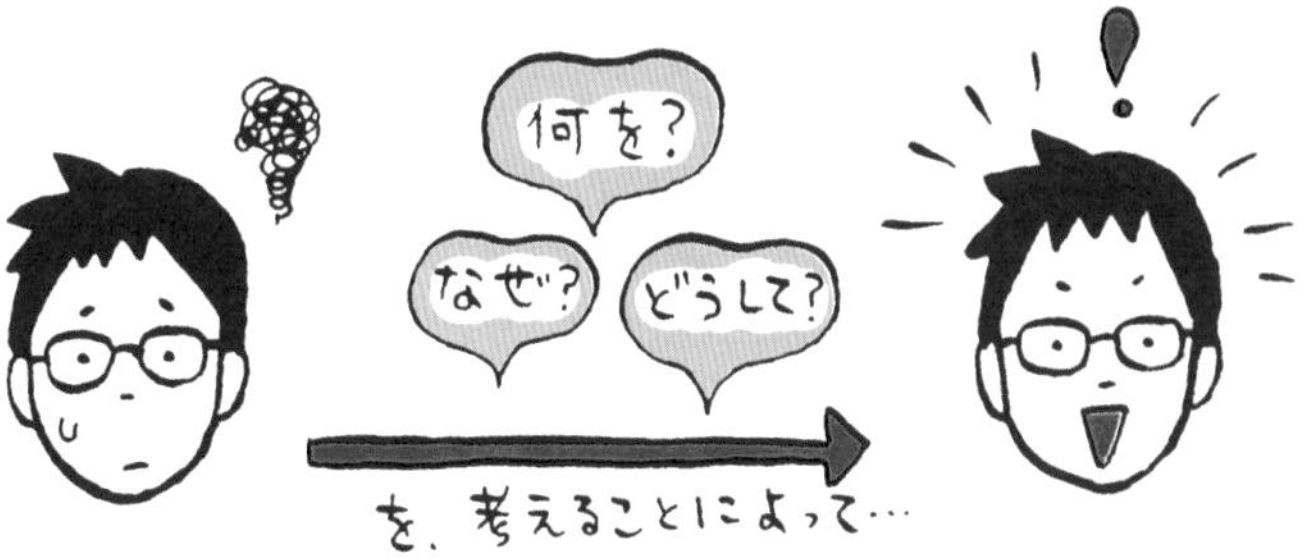

3つの「?」を追求していくことで「ない」ものがわかる

といったように、**「なぜ？」「何を？」「どうして？」を追求していくことで問題が明確になっていきます**。その過程で必ず「ない」ものがわかります。「ない」ものがわかると、そこを埋めたくなるのが人間の性《さが》です。この、**欠けたものを補完したいと思う意欲こそが「問題意識」**です。

日頃から「なぜ」を繰り返して問題発見力を高めることで、問題意識のアンテナを立てることができるのです。

「ない」ことで落ち込む必要はない

自分に「ない」ものが見つかったとき、どうしても気になってしまうのは他人との違いです。「あの人にはあるのに自分にはない」という考えが、劣等感につながり、必要以上に落ち込んでしまう人がいます。過去の私も、「ない」ことばかり考えて落ち込むコンプレックス人間でした。

ただ、他人の能力と比べて差があるからといって、劣等感を持つ必要はありません。**部分的に足りていないことがあるだけで、それを全体に広げて考える必要はない**のです。

一方で、劣等感を抱きたくないという理由で、他人との差に目をつぶるというのも、正しい対処法とはいえません。

世間では、自分は自分らしく、オンリーワンの自分であることが大事で、他人と自分を比較することには意味がないとする風潮があります。

その風潮については半分賛成で、半分反対です。

理系分野の学問の中では、基本的な実験方法として「対照実験」があります。1つの条件だけを変えた複数のサンプルを用いて実験を行い、その条件がそれぞれのサンプルの結果に与える影響を比較しながら検証する手法です。他人との比較も、この対照実験の考え方に当てはめればいいのです。

「あの人の優れている点は、声の明るさや大きさだ。では、声の明るさと大きさを彼に近づけてみたら、結果はどうなるか」

このように**自分を1つのサンプル試料として捉え、条件を変えながら結果を検証する**のです。この考え方は、自分のスキルアップにかなり有効です。

ここでのポイントは、「彼はどんなスキルを持っているのか」「彼女はなぜそのスキルを身につけられたのか」というように、**他人のプラス部分のみにフォーカスして自身を比較する**ことです。そうすることで、自分に足りないものを探ることができます。

かの有名なソクラテスは「無知の知」を唱えました。これは、自分が知らないことを自覚することは、自分に知恵があると思い込むよりも優れており、新たな学びを得て成長を促進させることができる、という考え方です。

「ない」ことに気づき向き合おうと思った時点で、成長の第一歩を踏み出したといえます。

問題意識を絞り込むために有効な、自分への質問

解決したい問題が多すぎて、どこから取り組んでいいかわからない。そんな人もいるかもしれません。

そんな人のために、とっておきの方法があります。それは、次の3つを自分に問いかけることです。

「なるべく早く解決したい重大な困り事は？」
「読んだ内容を使って、どんな状態になりたいか？」
「周囲の人があなたに求めることは何か？」

1つ目と2つ目の質問は、そのままの意味合いです。自分にとって早く解決したい困り事や、理想とする姿が明確になっていればいるほど、問題意識がクリアになり、本から抽出する内容も絞り込みやすくなります。

少し異色の質問は3つ目でしょうか。

読書は、自分のスキルを上げたり、自分が知識を身につけたりするために行うものですが、自分のことしか考えていないと、どうしても視野が狭くなったり、方向性がブレたりしがちです。

そこで、「周囲の人が自分に何を求めているか」を考えてみるのです。言い換えれば、「学んだことが（自分以外の）誰の何の役に立つか」でもあります。

駿台予備学校に入社して2年目の頃、読書に対する考え方で大きなミスを犯していた時期がありました。

当時、世間知らずで、社会人としてのスキルが低いことを自覚していた私は、とにかく勉強が必要だと思い、書店に行ってさまざまな本を買いあさり、読書に励みました。

なかでもよく読んでいたのが、経営コンサルタントの方が書かれた経営ノウハウや仕事術などの本です。ビジネスパーソンとして未熟だった自分にとって、経営コンサルタントという職種の方は、万能なスキルを持っていて仕事ができる人の頂点にいる存在としてすごく輝いて見えていたのです。

こういった読書ばかりしている私を見かねて、あるとき予備校講師の大先輩である成川《なりかわ》博康《ひろやす》先生が諭してくれました。現在、成川氏は映像講義を含め一週間に8万人以上を教える予備校業界トップの河合塾の英語講師で、私のメンターでもある人です。

「君は、誰の何のために、本を読んでいるの？　今最優先すべき学びは、目の前にいる生徒たちに貢献するものでなければならないんじゃないの？　そうでないと、誰からも何の評価もされないよ。今のままだと的はずれで頭でっかちな人間になってしまうよ」

前向きに勉強していた自分を完全否定されたようで、さすがにそのときはカチンときました。ただ、後から冷静に考えれば成川氏の言うことはもっともでした。

講師としての最大の務めは、1年足らずの間に生徒の学力を徹底的に高め、志望校に受からせること。したがって、そのために必要な知識やスキルの習得が予備校講師の自分にとって最優先のはずです。

ビジネス書を読むことで経営や経済に関する教養は深まったとしても、自分自身の目の前に転がっていた問題の解決には直結しませんでした。私は優先順位を間違えた遠回りの読書をしていたのです。

続けて成川氏はこう言いました。

「君が本から学ぼうとしていることを否定する気はないよ。でも本から学びを得るのは、もっと直接的に生徒に貢献した後でも遅くはない。とりあえず、王道の学びをして化学講師として日本一になってから、寄り道的な学びを楽しむほうがいいんじゃないかな」

その言葉で、私の問題意識は極限まで研ぎ澄まされました。

そして彼のアドバイスに従い、「これからの自分の学びはすべて、生徒の第一志望合格に直結する知識習得とスキルアップのため」という決意が生まれ、自分に「ない」ものを埋めるために、「これでもか！」というくらい数多くの本を読破したのです。専門科目の知識習得をはじめ、話し方スキル、教育心理学、教材作成ノウハウなどを実践に落とし込んでいきました。

その結果、入社6年目に、「授業満足度アンケート（既卒生部門）」にて駿台予備学校の化学科トップに、9年目には季節講習会の化学の受講者数（映像配信は除く）で日本一になることができました。

問題意識は、基本的には「自分」という内側に向いているものです。「自分がこうなりたい」「自分がこんなふうに成長したい」という意識です。

しかし内向きだけで考えていると、どの問題を優先して解決すべきか、判断がつきません。そんなときは、あなたの周囲の人や本来ケアすべき人を考えてみてください。

「この問題解決は、そもそも誰の何の役に立つのか？」

そんな**外向きの視点で自分の問題を見つめ直してみると、今取り組むべきことは何かが、クリアになる**のです。

読書の効果は、問題解決した後の理想像の設定で9割決まる

どんな状態になりたいかを明確にする

読書から得られる効果は、問題解決した後の理想像をどう設定するかで9割決まります。特にビジネスシーンにおいては、問題解決された状態が、仕事の成果と直結していて、社内外での評価につながるからです。

ここでいう問題解決した後の理想像とは、「こうありたい」「こんなことができるようになりたい」という状態のことを指します。読書をする前の段階から、**読書後にどんな状態がベストであるかをイメージしておくことで、本の情報をより高い精度で抽出できるようになったり、読んだ内容への理解が加速度的に深まったりします。**

たとえば、企画立案に関する本を読んだら、そこで得たノウハウを使って、社内の新商

品開発会議でアイデアを出してみることです。

この例でいう会議でのアイデア出しが「本から抽出した情報の活用」であり、そのアイデアにより、「自分の意見が取り入れられた」「社内決裁が下りた」「ヒット商品が開発できた」などが理想像の好例といえるでしょう。こういった理想像を、本を読む前段階から設定しておくことが大切です。

理想像は、「自分が望む評価が得られているか？」を明確にすれば設定しやすくなります。

ここでいう評価とは、理系読書の「読む」「やってみる」「確かめる」のサイクルのうち、「確かめる」の部分に該当します。

理想の状態は、評価されるイメージを大切に

「確かめる」というのは、本の内容を使ってみた結果、どれくらい問題解決につながったか、自分の中でチェックしたり、数値的な評価を他者から与えてもらったりすることです。

もしあなたが料理を作るとしたら、どのようにして食材やメニューを決めますか？

自分のためだけでなく、誰かのために作る場合は、その相手の好みや今日の気分、苦手な食材などを踏まえたうえで、メニューを考え、食材を買いに行くのではないでしょうか。

そうすることで、相手が喜ぶ料理を作ることができますよね。

相手のことを一切考えずに、適当な食材を買って、自分が作りたいメニューを作る、ということもあるかもしれませんが、失敗するリスクが高くなります。

相手の口に合わなかったり、食べられない食材を使ったりして、残されてしまうかもしれません。相手に喜んでもらえないばかりか、料理にかけた時間や手間、せっかく買った食材が無駄になります。

無駄な料理をしないためには、「誰に作るのか」を意識することが大事なのです。

特にビジネスシーンにおいての問題解決は、周囲の人（社内外の人や消費者）から評価されるかどうかが重要でしょう。自分が問題解決できたと思っても、それが周囲の人の役に立っていなかったら意味がありません。

ということは、**「どんな評価を得たいか」「どんな状態が評価されているか」をまず明確にして、そのイメージから逆算して、本から抽出する情報の絞り込みを行ったり、実行する内容を決めたりすることが、最短ルートで成果を上げる合理的な読書術**といえるのです。

理系は「逆算」で考える習慣がついている

理系はとにかく無駄を排除しようとします。非合理的な行いは極力避けます。理系読書でも最短最速のルートを選びたい。そのために理系が意識しているのは「逆算思考」です。

理系は数学であっても科学であっても、**常にゴールから逆算して考えることを習慣にしています**。科学なら「こんな結果が得られる」という仮説がすでにあって、それを論理的に証明するために実験に取り組みます。

また、成果を出すことに焦点を合わせて、その成果から逆算してルート設計をすることを「バックワード・デザイン（逆向き設計）」といいます。

これは、米国ニュージャージー州にある団体「真正の教育」の代表であるグラント・ウィギンズと、メリーランド評価連合の会長を務めたジェイ・マクタイが提唱したものです。

ビジネスシーンでの活用を想定した読書なら、リターンを最大化する必要があります。そのためには、問題解決の精度や最終的な評価を重視しなければなりません。本節の見出しに「読書の効果は、問題解決した後の理想像の設定で9割決まる」と書いているのは、そういう理由からです。

情報の抽出は「1冊1ニーズ」で浮気心を最小限にする

たくさん情報を取ろうとすると実践の質が下がる

1冊の本の中に、自分のニーズがたくさん詰め込まれているような本を見つけた場合は、得した気持ちになりますよね。そんな本はもちろん迷わず買うべきです。

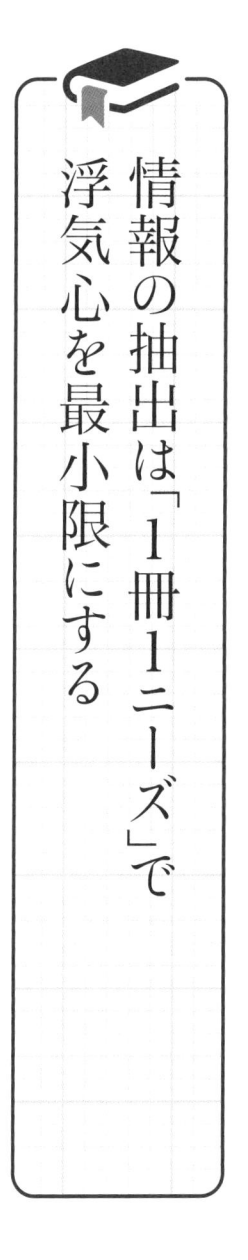

ただ、ここで注意したいのは、**読み始める段階では、解決したい問題を必ず1つに絞り込むこと**です。絞り込んだほうが、**本の内容の理解度や吸収率が大幅にアップするばかりでなく実践での成功確率が高まる**からです。

1冊の本から「あれもこれも」と欲張って吸収しようとすると、一つひとつの情報やノウハウに対する理解がおぼつかなくなります。人間は、複数の新しい情報を一度に咀嚼《そしゃく》することが苦手です。いわゆる消化不良を起こすのです。いっぺんに吸収しようと欲張ると、本から抽出できる情報の質が下がってしまい、実践に落とし込めない可能性が出てきます。たとえば、「プロジェクトマネジメントの手法」といったジャンルの本があったとすると、「プロジェクトのビジョンを明らかにする方法」「リスク管理の注意点」「ＰＤＣＡの回し方」など、いろいろなノウハウが書かれています。

プロジェクトマネジメントの手法を学びたい人にとって、その1項目1項目は確かに役立つものです。全部読んで全部吸収したいと考えるでしょう。

しかし、1冊丸ごと読んだとしても、全部を咀嚼して頭の中に入れるのは非常に難しいことです。そもそも読み切るまでに時間がかかりますし、読書後にいざ実践する段階になっても、何を優先すべきか迷ってしまいます。

現在私は、東京大学大学院で人工知能について学んでいます。人工知能の技術の1つに、機械学習というものがあります。機械学習とは端的にいうと、たくさんのデータをコンピュータに分析させ、問題解決につながる情報を導き出す手法のことです。

機械学習について学んでいて面白いと思ったのは、「いくら人工知能が膨大なデータを処理できるとはいえ、**元となるデータそのものの質が低ければ、そこから導き出される分**

析結果の質は低い」という事実です。

データのインプット部分では人間を凌駕《りょうが》している人工知能ですら、インプットするデータの質が低かったらそこから得られる結果も低レベルなものになります。

読書の文脈でいうと、「悪書は精神の毒薬であり、精神に破滅をもたらす」。これは、ドイツの哲学者ショウペンハウエルが『読書について　他二篇』（斎藤忍随訳、岩波書店）の中で述べている言葉です。

問題解決の精度を高めるためにも、本を読むときの問題解決のテーマは1つに絞ることが重要です。絞ることで、本に対する理解度が高まり、吸収する情報の質が一気に高まるのです。

読書について
他二篇

読書のいろはを教えてくれる古典名著で、書かれている内容は情報化社会の現代でも使える普遍的なものばかり。文章表現についても重要な考え方やスキルがこれでもかと盛り込まれており、「書き物」に関わるすべての人に読んでもらいたい本。

情報は「絞る」が勝ち
――本の9割は捨てる覚悟でいい

本の9割は捨てていい

情報を絞るのには、他にも理由があります。ビジネス書や実用書のページ数は、だいたい200~300ページ。個人的にはこの情報量は多いと感じています。なぜなら、「読む」「やってみる」「確かめる」の超合理化サイクルを回すことを前提とすると、**本のすべての内容を「やってみる」「確かめる」まで行うには、膨大な時間がかかってしまう**からです。

ビジネス書や実用書は、著者が数年から数十年かけて身につけてきた叡智《えいち》を、ぎゅっと詰め込んで読み物にしています。ある意味で、著者の人生の集大成といえる内容です。それを1冊丸ごとインストールして実行しようと考えるのは少々無謀というものでしょう。

書いてあることを全部実行に移し、大きな成果を得たいという意欲や姿勢はもちろん大切です。ただ、逆に非効率な読書になりかねません。自分にとって必要な情報だけを切り取って、実行し、検証したほうが、着実にノウハウや知恵を身につけることができます。

つまり、**最初から最後まで読む必要はない**のです。1冊のうち1割程度読んで自分の問題解決に役立つ情報が抽出できれば、残りの9割は捨ててもいいと考えています。最近のビジネス書や実用書はクオリティが非常に高いものが多いので、9割捨てても十分、元が取れる情報が抽出できるはずです。

情報を絞ることで、変化を起こしやすい

本を読む際は、情報を絞れば絞るほど、変化が起きやすくなります。

お湯を沸かすときのことをイメージしてみてください。

コップ1杯分の水と、ヤカン1杯分の水では、どちらが早くお湯が沸くでしょうか。コップとヤカンに与える熱量が一定なら、当然、コップ1杯分の水のほうが早くお湯になりますよね。

ではコップ半分の水なら？　コップ1杯分の水よりもさらに早く、あっという間に熱湯になります。

速く反応するのはどっち？

量を絞れば、変化は起きやすい

読書から得られる効果も、これと同じです。**大きな変化を起こすには大変な時間と労力が必要となりますが、小さな変化を起こすことは、手間なくすぐにできる**のです。

著者のノウハウが詰め込まれた本を読んで、丸ごと1冊分実行しようとするのは、起こそうとする変化としては大きすぎます。実際に変化が起こるまでに時間がかかりますし、途中で挫折する可能性もあるでしょう。

それよりも、数ページだけ読んで「小さく」「徐々に」実行したほうが、確実に変化を起こすことができます。

生物には本来、変化をあまり好まない性質があります。生物学で「ホメオスタシス」（恒常性）

といいます。

人間などの哺乳類には体温調整機能があります。外気温が高いときに、汗をかいて体温を下げ、体温を一定に保とうとする機能のことです。

体だけでなく、脳にもこのホメオスタシスは当てはまります。**人の脳はあまりに急激な変化にはついていけず、無理やり変化を起こそうとしても元に戻ってしまう**のです。

「早起きをしよう」と決意したからといって、いつも7時起きだった人が、いきなり翌朝から4時起きを習慣化するのは難しいですよね。きっと3日もしないうちに挫折します。

変化を起こそうとするなら、いきなり3時間も早起きするのではなく、「いつもより10分だけ早起きする」とか、「寝る時間を30分早くする」など、**ごく小さなステップから始めることがホメオスタシスを打ち破る秘訣**です。

本に書いてある内容を実行するときにも、抽出する情報を絞り、小さな一歩から始めることが、上向きの変化を起こすためには有効な手段となるのです。

短期記憶と精緻化リハーサル

情報を絞り込むことは、本で読んだ情報を自分の脳に記憶させるためにも重要な手段となります。

記憶は、「短期記憶」と「長期記憶」に分類されます。

短期記憶は、数十秒〜数時間程度の短期間だけ保持されている記憶のことです。短期記憶のほとんどは忘れ去られてしまいますが、なかには、忘れられないで脳に固定化されるものもあります。固定化されて長期にわたって保持されている記憶のことを長期記憶といいます。

読書した内容を忘れてしまうのは、本から得た情報が長期記憶として保存できていないからです。

では、どうすれば、読んだ内容を長期記憶にできるのか。必要なことは、「精緻化リハーサル」です。

「精緻化リハーサル」とは、短期記憶を他の知識と関連づけながら、構造を理解しようとしながら、反復することです。簡単にいえば、本から得たノウハウを、現実世界で何度も「やってみる」。そのことによって、短期記憶が長期記憶へと変わるのです。

このような脳の記憶の仕組みを考えてもやはり、読んで抽出する情報は絞ったほうがいいわけです。

忘れることを目標にする

長期記憶化する方法を説明しておきながら、いきなり正反対のことを言うようですが、究極的には、**本で読んだ内容はきれいさっぱりと忘れてしまってもいい**です。むしろ、忘れることを目標にすべきです。

どういうことか、「学習の4段階」で説明しましょう。人の学習には、次のように4つのステップがあるとされます。

①無意識的無能（知らないしできない）
②意識的無能（知っているができない）
③意識的有能（意識すればできる）
④無意識的有能（意識しなくてもできる）

本を読んで情報を仕入れた時点では、①から②へと1ステップ上がっただけの段階です。

読んだ内容を実践したり、反復練習したりすることで、②から③へとステップアップすることができます。

さらに繰り返し実践して④まで持っていくことができれば、どの本に何が書いてあったかは忘れても問題ありません。自転車の運転や日本語での会話のように、意識しなくても自然にできるという状態です。

読書で得た情報を「無意識的有能」の段階まで高め、完全に自分のモノにすることが理系読書の目指すところです。

「あれ、このノウハウ、どの本に書いてあったんだっけ?」と忘れてしまったとしても、その知識やスキルが自分の中に定着していればそれでいいのです。

第1章 まとめ

本を読む前に読書効率を上げる方法

- 読むべき本・読むべき箇所を正しく選択するために必要な3つのこと
  - ①問題意識の明確化
  - ②問題解決した後の理想像の設定
  - ③本から抽出した情報の活用

問題意識を絞り込むために有効な3つの質問

- ①「なるべく早く解決したい重大な困り事は？」
- ②「読んだ内容を使って、どんな状態になりたいか？」
- ③「周囲の人があなたに求めることは何か？」

問題解決した後の理想像を設定するコツ

- 「どんな評価を得たいか」「どんな状態が評価されているか」を明確にする
- 最短ルートを進むためには、ゴールから逆算して考えることを習慣にする

情報は「絞る」が勝ち――本の9割は捨てる覚悟でいい

- 情報の抽出は「1冊1ニーズ」にし、質をキープする
- 変化を起こしやすくするために、情報は絞る
- 「精緻化リハーサル」を行うことで短期記憶を長期記憶へ移す
- 本からの情報を「無意識的有能」の段階にまで高め、自分のものにすることを目標にする

第2章

読解力を高めて、読書をモノにする理系読書

超合理化サイクルを回す前に押さえておきたい3つの力

「読解力」は「語彙力」「構文力」「文脈力」でできている

各ステップの説明に入る前に、本を読むうえで欠かせない「読解力」について少し考えてみましょう。

読解力には次の3つの力があります。

①語彙力
②構文力
③文脈力

「語彙力」とは、言葉の意味を知っているかどうかです。

たとえば、私の場合、あるビジネス書を読んだときによく出てきた「ＫＰＩ」という言葉の意味がまったくわかりませんでした。

ＫＰＩはビジネスシーンではよく出てくる用語ですが、「Key Performance Indicator」の略で、日本語では「重要業績評価指標」などと訳されます。ビジネスの現場において、目標達成度合いを測るための定量的な指標を示す言葉として使われています。「今回のウェブサイトのリニューアルのＫＰＩは何？」という感じです。

ＫＰＩのような、その業界では常識としてよく使われている専門用語・業界用語の意味や定義がわからないと、文章を読んでいてもすんなりと理解できません。

本の中に語句の解説ページや注釈があればいいのですが、わからない単語が出てきたら、すぐに調べるクセをつけておくことが重要です。

読解力を構成する2つ目の力が「構文力」です。文法の解釈力と言い換えることもできるでしょう。

外国語の文章を読む場合は、構文力がモノを言います。主語と述語の関係、受動と能動、句と節など、その言語独特のルールを理解していなければ、文の意味を理解できません。

一方、日本人が日本語の文章を読む場合、文章のルールはあまり気にせずに読めます。

ただ、なかには難解な文章もあります。特に学術論文などの文章は、一文が非常に長い傾向があり、読んでいる途中で主語を見失ってしまうこともあります。

そのような**難解な文章を読む際のポイントは、「主語と述語の関係」に気をつける**ことです。

つまり、**「何が、どうした」をひとまず頭に入れる**こと。極論をいえば、主語と述語だけ間違いなく把握すれば、後は読み飛ばしても内容はだいたい理解できます。

一文が長い場合は区切ることで整理して、主語と述語にフォーカスするようにしましょう。

また、結論を早く知るために、一文の最後のほうに注目するのもコツです。英語と異なり、日本語の場合、結論は最後に書かれていることが多いからです。

こういった点に気をつけるだけで、読解における構文力は向上します。

それでも読み取れない場合は、いったんスルーしてしまいましょう。先を読み進めると具体例が載っていて理解できてしまうことも十分あり得るからです。

３つ目の力が「文脈力」で、理系読書においては特に重要です。

ここでいう文脈とは、文章のつながりや流れだけを指すものではありません。物事の筋道や背景情報のことも、あわせて指します。

つまり、「著者の立場」「その分野の常識」「時代背景」「社会情勢」、そういったものがわかっていないと解釈を誤ってしまう場合があるということです。

「その分野の常識」でいうと、たとえば「デザイン」。この言葉は、ファッション業界や工業製品などの文脈ではクリエイティブなニュアンスで用いられますが、経営戦略やビジネスモデルなどの文脈では問題解決のプロセスを表す言葉として用いられることがあります。こういった背景情報を理解していなければ、書かれている文章を誤って読み取ってしまう可能性が出てきます。

前提として知っておくべき文脈があるのなら、意識的に頭に入れておいたほうが理解は高まります。文脈については、88ページの「【ステップ1】文脈を理解する」で詳しく説明します。

読書は「川の漁」で考えるとうまくいく

「読む」のパートには4つのステップがある

理系読書は「読む」「やってみる」「確かめる」の超合理化サイクルを回していく、と説明しました。この章では、「読む」の具体的な方法について解説していきます。

まず理解していただきたいのは、「読む」のパートには次の4つのステップがあるということです。

【ステップ1】文脈を理解する
【ステップ2】本の旨味を抽出する
【ステップ3】著者の解釈を鵜呑みにしない
【ステップ4】活用したい情報から仮説を立てる

超合理化サイクルの「読む」

本から問題解決に役立つ情報をすばやく抽出し、その情報を一度疑い、仮説を立てる

本を読むことを、川へ漁に出かけるようなものだと思ってください。

川で漁をして成果を上げるには、まず、川のことを知る必要があります。

その川がどの方向に流れているのか、どのポイントにどんな魚が生息しているのかなど、川の情報をある程度知っておく必要があるのです。それが「【ステップ1】文脈を理解する」です。

川のことがだいたいわかったら、網を張って捕獲します。つまり、自分のフィルターに合った情報を引っかけます。

そして、狙っている魚を捕獲します。読書でいえば、自分の問題意識に合うように、拾い上げる情報を取捨選択します。これが「【ステップ2】本の旨味を抽出する」です。

次に、取った魚をチェックします。なかには狙っていた魚とは違う魚も引っかかっているかもしれません。おいしそうに見えても、食べられない毒魚が引っかかっていることもあります。そのような魚は取り除く必要があります。これが「【ステップ3】著者の解釈を鵜呑みにしない」です。

最後に、魚をおいしくいただくための仕込みを行います。読書でいえば、「【ステップ4】活用したい情報から仮説を立てる」の段階です。

科学実験の前に下調べをするときも、これとまったく同じことをしています。

【ステップ1】その学問分野や学会の情報をある程度把握する
【ステップ2】アーカイブ上にある論文を検索してダウンロードする
【ステップ3】検索結果に出てきた論文の内容をチェックする
【ステップ4】有益な内容なら、自分でもその内容を検証実験する準備を整える

理系読書の「読む」の段階においても、この4ステップで情報を拾い上げ、「やってみる」ための仮説を立てていくのです。

読書を川の漁にたとえてみると……

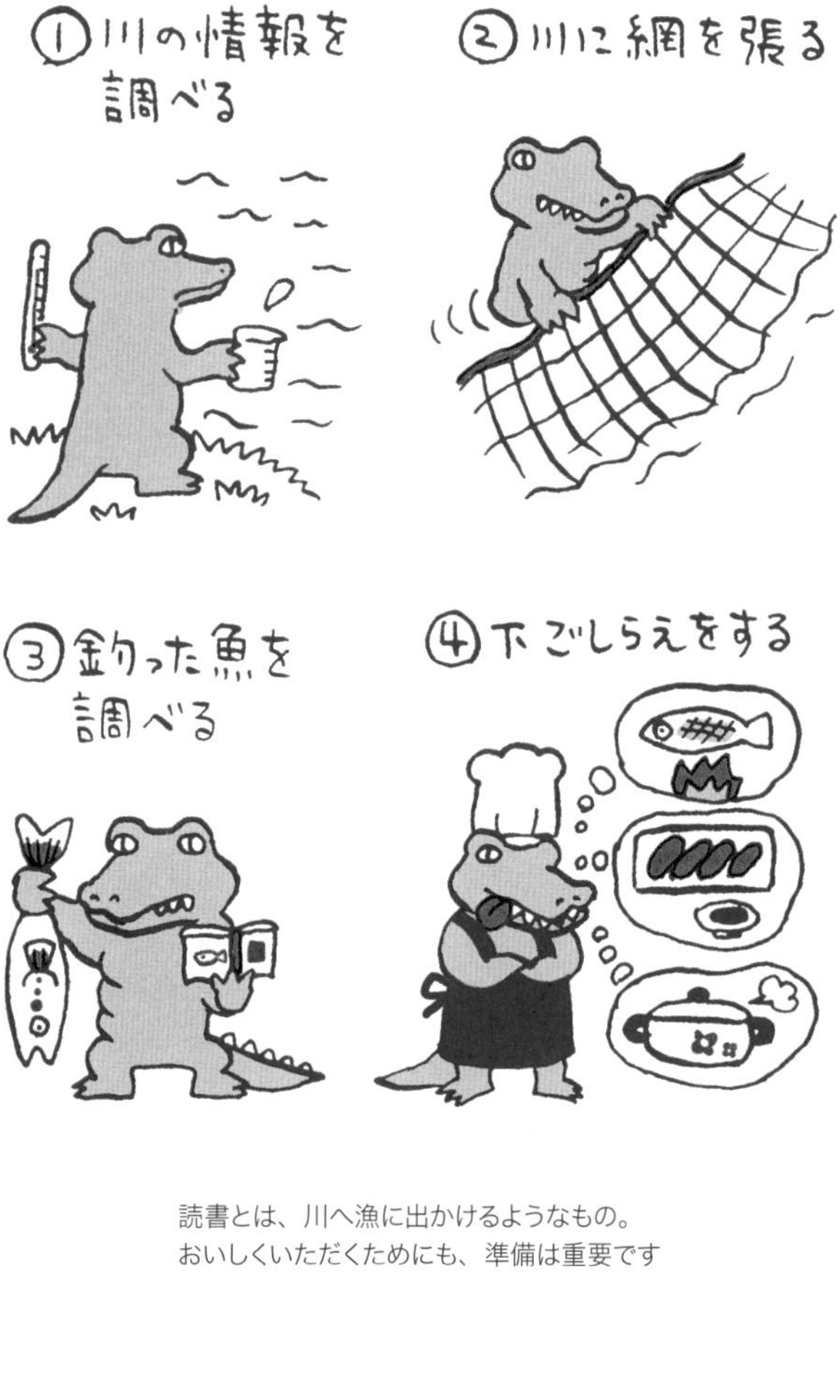
①川の情報を調べる
②川に網を張る
③釣った魚を調べる
④下ごしらえをする

読書とは、川へ漁に出かけるようなもの。
おいしくいただくためにも、準備は重要です

【ステップ1】文脈を理解する

メタデータのチェックをしよう
——本の「背景」は時代と文化の2つで決まる

理系読書の「読む」手法のうち、ステップ1は「文脈を理解する」です。

文脈とは前述の通り、文章のつながりや流れだけでなく、文章を理解するうえでの前提条件となる、「背景情報」もあわせて指します。

文脈を理解してから本を読んだほうが、本の内容をすばやく正確に読み取ることができます。ざっくりでかまわないので、読書の前に文脈の理解に取り組んでみてください。

文脈を理解するコツは、「メタデータ」をチェックすることです。

メタデータとは「データのデータ」、本の内容が大まかにわかる情報のことです。

本のメタデータとは、「タイトル」「サブタイトル」「（帯があれば）帯コピー」「発刊年月日」「著者名」「著者プロフィール」「目次」などを指します。

これらのメタデータをチェックしておくことで、必要な情報を本文から抽出しやすくなり、読む時間を圧縮できます。

メタデータをたとえるなら、ペットボトルのパッケージやラベル情報のようなものです。ペットボトルの飲み物を飲む前に、パッケージや成分表示ラベルを読めば、味や栄養分について推測できます。そして、「レモン風味でおいしそう」とか「砂糖がたくさん入っているから飲むのをやめておこう」などと判断できますよね。

ラベルを読まず、何が入っているかもわからずにいきなり飲むような人はいないはずです。

本もそれと同じで、**メタデータを必ずチェックし、ある程度の背景情報や内容のイメージを得てから読む**べきなのです。

特にチェックすべき項目は、「発刊年月日」「著者プロフィール」「目次」の3点です。

加えて海外で書かれた本を読む場合は、「国名」も確認します。

この部分をきちんと読んでおくことで、これから精読する文章を自分に浸透させるための文脈を、最短で理解できます。

時代背景を把握する

まず「発刊年月日」ですが、これは時代背景を読み取るための重要なポイントです。

紙の本は、修正や変更があってもすぐにはアップデートできません。したがって紙の本で発刊年月日を見れば、どの時点での最新情報が書かれている本なのかを知ることができます。

発刊年月日を確認したら、その時代の背景を推測しながら読むようにします。

たとえば、高度経済成長の時代に書かれた「企業人の働き方」や「必要なスキル」と、現代のそれらは異なる可能性が大きいといえるでしょう。年功序列が当たり前だった時代と、年功序列が崩壊しつつある現代とでは、会社に勤めることの意味合いも変わってきているはずです。

そのような時代背景を前提知識として理解しておかなければ、今の時代にそぐわない価値観や考え方、スキルなどを本の中から抽出してしまうかもしれません。

それぞれの年代の時代背景を事細かに把握しておくことは難しいですが、大まかには知っておきたいところです。特に、人の価値観を大きく変えた出来事については、最低限理解しておきましょう。

たとえば、２００８年のリーマンショック、２０１１年の東日本大震災、２０２０年の新型コロナウイルス感染拡大……といったあたりです。

さらに、その本のジャンルにおける大きな出来事（法改正、業界再編、大ヒット商品の登場など）も頭に入れておくと本への理解が一層深まります。

ただし、長く読み継がれている「古典」を読む場合は、発刊年月日を見ても意味がありません。時代を超えて読み継がれている本が、かたちを少し変えて出版されることもあるからです。

そんなときは、**発刊年月日ではなく、著者が生きていた時代背景を理解する**必要があります。

古典的な名著であっても、著者プロフィールは載っています。親切な本の場合、著者が生きていた時代について冒頭で解説していることもあります。こういったメタデータを読み取り、時代背景をある程度理解してから本文を読み進めていくことで本への理解が加速します。

専門書やビジネス書であれば、海外の本を読む方もいるでしょう。その場合には、本が書かれた国の文化的背景や日本との違いも知っておくと、理解の助けになります。

たとえば、アメリカでは個人を尊重する文化が一般的で、日本には組織を尊重する文化があります。この違いが、企業での組織運営や学校における学習スタイルの違いに表れることがあります。

また、アメリカは連邦国家で、日本は単一国家。ダイバーシティ（性別、人種、国籍、宗教、年齢、学歴、職歴などにおける多様さを生かすという考え方）という価値観は、多種の民族が暮らしているアメリカでは広く受け入れられていますが、単一国家である日本にはまだまだ浸透していません。

アメリカで出版された本の邦訳を読んで「読みにくい」と感じるのも、文化や社会背景が違えば事例や比喩表現なども異なるからなのです。

「何を語るか」より「誰が語るのか」が大事

次に、文脈を理解するために精読すべき要素が「著者プロフィール」です。

その著者の経歴を読んで、所属組織や専門分野、一番得意としていそうな分野を把握し、「その著者がこのテーマを語る資格があるのか？」「なぜ、著者がそのテーマを語るのか？」を判断します。

たとえば、同じマーケティング系の本でも、元P&Gの森岡毅氏の書いた『USJを劇的に変えた、たった1つの考え方　成功を引き寄せるマーケティング入門』（KADOKAWA）と、東京大学大学院経済学研究科教授の阿部誠氏の書いた『東大教授が教えるヤバいマーケティング』（KADOKAWA）では、着眼点は当然異なります。

USJを劇的に変えた、たった1つの考え方
成功を引き寄せるマーケティング入門

「戦略的思考とは何か？」を軸に、マーケティングの基本を網羅した教科書。本書で提唱されている考え方は、企業や組織にとどまらず、個人のキャリアにも適用させることができる。汎用性の高いノウハウが凝縮された贅沢な1冊。

東大教授が教えるヤバいマーケティング

アカデミックな視点でマーケティングを語った本。マーケティング手法のメカニズムや原理原則がふんだんに解説されており、知的好奇心を刺激してくれる。小難しい表現はほとんどなく、マーケティング初学者にも非常にわかりやすい逸品。

民間企業の叩き上げで大企業における実践的なマーケティングを得意としている森岡氏に対し、阿部氏は第三者視点のアカデミックな分析を得意としています。同じマーケティング本でも、それぞれの著者の強みが生かされるかたちで、異なる視点から書かれているのです。

著者プロフィールを読んで、著者の背景情報をあらかじめ理解しておくことは、本を読むうえで欠かせません。

また私は、**その著者が何らかの困難に直面し、苦労の末にそれを乗り越えたというエピソードがプロフィール中に書かれていると、本の内容に高い価値がある**と期待します。

ビズリーチ代表取締役の南壮一郎氏の著書『絶対ブレない「軸」のつくり方』(ダイヤモンド社)に書かれている著者プロフィールを例に挙げてみましょう。

ITバブル崩壊後の仕事が取れないどん底の中で、楽天イーグルス(正式名:東北楽天ゴールデンイーグルス)の創業メンバーに抜擢され、その後、独立起業するといった紆余曲折をプロフィールから読み取る

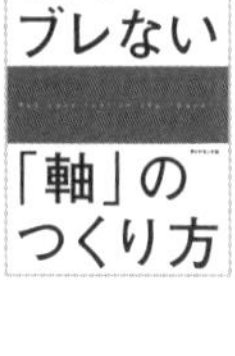

絶対ブレない「軸」のつくり方

自分の進んでいる道や現在やっていることに自信をなくしたり迷ったりしたときに何度も読み返したくなる本。リアルを知っている著者だからこそ言える、心を奮い立たせてくれるキレイごとでない珠玉の言葉がちりばめられている1冊。

著者プロフィール

南壮一郎（みなみ・そういちろう）

1976年生まれ。株式会社ビズリーチ代表取締役。

1999年、大学卒業後、モルガン・スタンレー証券に入社。ビジネスパーソンとして順風満帆なスタートをきるものの、幼少期よりの夢であるスポーツビジネスへの憧れを抑えきれず、2003年に独立、ツテもコネも何もない、ゼロからの挑戦を始める。「メジャーリーグ30球団すべてに手紙を送る」、「アポなしでアメリカのスポーツ・エージェントの事務所に飛び込む」といった行動を通して、数多くの出会いと学びを得るも、ITバブル崩壊後の不況の中、まったく仕事に結びつかず、どん底を味わう。

2004年（28歳）、「このままでいいのか」と悩む中、新球団設立というニュースを見て一念発起し、楽天株式会社代表の三木谷浩史氏に直談判（わずか20分）、「楽天イーグルスの創業メンバー」の座を獲得する。楽天イーグルスでは、チーム運営や各事業の立ち上げをサポートした後、GM補佐、ファン・エンターテイメント部長、パリーグ共同事業会社設立担当などを歴任し、初年度から球団事業においては不可能とされていた黒字化成功に貢献する。また、地域密着型の球団を目指して、地元仙台を巻き込むためのイベント、スタジアム運営も行った。

2007年、さらなる夢、「メジャーリーグの球団オーナーになる」ため、楽天を退社。同年、株式会社ビズリーチを設立し、代表取締役に就任。年収1000万円以上の転職市場に特化した、日本初の個人課金型・転職サイト「ビズリーチ」を運営。2010年8月には、共同購入型のクーポンサイト「LUXA（ルクサ）」を立ち上げ、分社化した株式会社ルクサの代表取締役を兼任。
その他、ジュビロ磐田のアドバイザーも務める。

ことができます。

ここから「どんな状況下でもくじけずに、自分の目標に向かって、ブレないマインドやアクションで突き進んでいく姿が描かれていそうだ」と期待を寄せることができます。

このように、**「壁にぶつかって、それを何とか克服した」経験がある著者の本には、その具体的な方法が書かれている確率が高いので、自分の問題解決に役立ちます。**

「システム」は目次でわかる

最後に、文脈を理解するうえで、著者プロフィールと並んで精読すべき箇所が「目次」です。目次は、いわば本の「システム」です。「体系」と言い換えることもできます。

理系の学問では、特にシステムの理解を重視します。それは、科学においてシステムを理解することは、「全体」と「部分」の関係性を理解することになるからです。

たとえば、化学で扱う物質は、大きく無機物と有機物に分かれます。「物質」という「全体」のフレームの中に、無機物・有機物という「部分」がある、そんな関係です。

このようなシステムを頭に入れたうえで、全体と部分の関係や、部分と部分の関係に着目する頭の使い方をします。

何らかの分野の研究や学習に取りかかる前提として、理系では全体のシステムをチェックしておくことが基本的なルーティーンになっているのです。

本を読む際も同様で、まず目次を読んでシステムを理解します。目次を見ることで全体像を把握し、どの章に何が書かれているかを理解できます。

理系読書の手法では、すべての「部分」を精読しませんが、読まない「部分」も「全体」のどこに位置して、互いにどんな関係にあるのかだけは把握しておく必要があります。だからこそ、目次を見て全体像を知っておくことは大切なのです。

具体的な目次の読み方としては、まず章を中心に読んでいきます。章の下位層にあたる小見出しは、この時点では概要がわかる程度で目を通すといいでしょう。

章立ては、ビジネス書なら3〜7章くらいの構成になっていることが多いでしょう。場合によっては、「1部」「2部」のように分けられていて、その下に章がぶら下がっていることもあります。全体としては、3〜7つ程度の固まりから構成されていることでしょう。

その章の一つひとつに、読者の興味を引くようなタイトルがついていますが、そのままではシステムを理解しづらいことがあります。

そこで各章に、ざっくりとした「ラベル」をつけます。「ラベル」とは章の内容を抽象化し、その概要をひと言で表す言葉です。大まかに分けて次の8種類があります。

- **背景**……本に書かれている内容の時代的・社会的な背景など
- **定義**……本の内容を理解するために必要な最低限の用語の意味やキーワードの定義など
- **メリット・機能**……その本を読むメリットや必要性、意義や効能など
- **メカニズム**……物事の原理原則や仕組みなど
- **方法論**……スキルにおける理論や法則など
- **ノウハウ**……実行フェーズにおける具体的なテクニックやツールの使い方など
- **事例**……具体的な成功事例、企業や商品の紹介など
- **その他**……Q＆Aや対談、付録など

1冊の本の中にこの8つすべての内容が含まれているとは限りませんが、慣れないうちはこれらのラベルを各章の上のところに書き込んでみてください。

各ラベルの名称は、自分流に自由に付けていただいてかまいません。慣れてきたら、目次や見出しを見るだけで瞬時にわかるようになるので、わざわざ書き込まなくてもシステムを把握できます。

なお、実際の本の目次で「ラベル」を貼ると次のようになります。

『ストーリー思考　「フューチャーマッピング」で隠れた才能が目覚める』（神田昌典著、ダイヤモンド社）の場合

背景　第1章　ストーリーは、人を突き動かす原動力
メリット・機能　第2章　あなたの中に眠っているストーリーの力
ノウハウ①　第3章　新しい現実への旅立ち
ノウハウ②　第4章　7つの実験：フューチャーマッピング完全解説
事例　第5章　未来をつくる行動事例
その他　第6章　フューチャーマッピングについて、よく聞かれる13の質問

ストーリー思考
「フューチャーマッピング」で隠れた才能が目覚める
ストーリーという文学的な表現形態を体系的な科学に落とし込んだ革新的な1冊。苦手な人でもストーリーづくりができる再現性のあるノウハウが満載。日常のあらゆる場面でストーリーを適用させるための演習題もあり、非常に実践的。

『バズる動画・ライブ配信　確実に拡散するしくみ』（飯田祐基著、ダイヤモンド社）の場合

背景　はじめに　9割以上の企業が「やってみたけど、反応なし」
定義　第1章　知らない人も多い！　動画の超・基礎知識
ノウハウ①　第2章　「拡散する動画」コンテンツのつくり方
ノウハウ②　第3章　「人を集めるライブ配信」コンテンツのつくり方
ノウハウ③　第4章　「拡散する動画・ライブ配信」の運用方法
ノウハウ④　第5章　拡散効果のはかり方と分析の仕方
ノウハウ⑤　第6章　インフルエンサーをマーケティングに活用する
その他　巻末特典（対談・機材）

このようにしてラベルを貼るメリットは、本の全体像と構造をひと目で理解できることにあります。「全体としてどんなことが書いてあるのか」「どの部分にどんなことが書いてあるのか」、その関係性も含めて体系的に捉えられるのです。

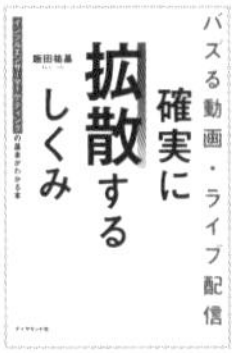

バズる動画・ライブ配信　確実に拡散するしくみ
拡散する動画や、人を集めるライブ配信のコンテンツづくり＆運営方法のノウハウが満載。企業のPR・広報担当者だけでなく、個人のSNSでも使える。教科書的に使え、重宝する1冊。

全体像と構造を理解したら、自分の問題意識と照らし合わせて、読む部分を取捨選択していきます。

たとえば、「YouTubeでのライブ配信、2週間後にやる予定だけど、どんなコンテンツにすれば、より多くの人に観てもらい、チャンネル登録者数を増やせるだろう……」という問題意識を持っていた場合、右に挙げた『バズる動画・ライブ配信　確実に拡散するしくみ』の目次を、

「この分野の背景と定義はわかっているから、はじめにと第1章は読まなくてもいい」

「自分が知りたいのはノウハウだから、第2、3章を優先して読もう」

「第4、5章は先のフェーズだから、読むのはもっと後でいいかな」

と、切り分けていくのです。

このように、読むべきポイントを絞り込んでいく作業には「ラベル付け」が有効です。

詳しくは、次の「【ステップ2】本の旨味を抽出する」で説明していきます。

【ステップ2】本の旨味を抽出する

スクリーニングで読む箇所を決める

次に、ステップ2の「本の旨味を抽出する」に移ります。

ステップ1で背景情報を確認し、当たりを付けた章の本文に「ざっと」目を通すステップです。目次のチェックも含め、**本の情報を粗めのふるいにかけて、読むべき箇所に目星を付ける作業を「スクリーニング」**といいます。

このスクリーニングで注意したいのは、

「内容が著者の強み・得意分野を生かした主張になっているかどうか」

「エビデンス（根拠）や独自のエピソードを含めた濃い内容になっているかどうか」

といった点です。

スクリーニング中に、著者プロフィールから読み取った「著者の得意分野」と、「自分の問題意識に対する解決策」が合致する箇所が出てきたら、当たりです。そんな内容を文章の中から拾い上げるように読んでいきます。

たとえば、人前で話す際に緊張してあがってしまうという悩みを持っており、そんな問題意識に合致していると思われる本を手に入れたとします。本の著者プロフィールに、「あがり症を独自のマインドセットで克服し……」といった記述があったのなら、その克服したノウハウを説明している章から読み進めます。

ざっと目を通した結果、問題意識を解決するためのノウハウが書かれていると判断できたら、合格です。該当する見出しや文章を、色ペンで「　」でくくります。精読する部分には、自分の問題解決につながる重要な知識やノウハウが書かれている可能性が高いのです。一言一句逃さないつもりで、じっくりと読んでみてください。

そして、マーキングした箇所を改めて精読します。精読では次の2つが有効です。

- **予測しながら読む**
- **これまでの自分の中になかった内容に絞る**

まず、**予測しながら読む**ことです。「こんなことが書いてあるのかな」「自分の○○という問題意識に役立ちそう」と予測しておくのです。そうすることで、本の内容をよりスムーズに理解できるようになり、実は記憶にも残りやすくなります。

次に、**これまでの自分の中になかった情報を、優先的に味わう**ことです。すでに自分の中にあるものを抽出しても、現実世界での変化は期待できないからです。

会社を経営して初めての決算を迎えたときの話です。それまで経理の経験など一切なかった私は、顧問税理士から送られてきた決算書がまったく読めませんでした。そこで、財務諸表の3つ（損益計算書、貸借対照表、キャッシュフロー計算書）を読めるようにしたいと思い、『増補改訂　財務3表一体理解法』（國貞克則著、朝日新聞出版）を手に取りました。

会社経営で最も重視すべきは利益だと考えていた私は、「財務3表

増補改訂
財務3表一体理解法

財務３表（損益計算書・貸借対照表・キャッシュフロー計算書）の基礎知識だけでなく、この３表の関係性が見開きで図示されている。具体的な数値を用いて説明がなされており、会計の初学者に対して非常に親切な１冊。

は〝利益の絶対額〟でつながっているのではないだろうか」という予測を立て、同書の第2章（1）「財務3表のつながりを理解する」を精読しました。ここでは、財務3表の5つのつながりが利益の絶対額を介して紹介されていて、予測を立てたことで理解が一気に進みました。

もちろん、予測が外れることもありますが、それはそれでかまいません。

「自分の予測と合っていた！」「これ、知っている！」といった部分を抽出するよりも、これまでの自分には予測できなかったものを抽出することが実は問題解決への最短距離だったりする場合もあります。

「こういう答えが得られると思っていたけれども違った！　では、著者のノウハウとはどんなものなんだろう？」と読み進めていくことで、自分では到底考えが及ばなかった情報を優先的にインストールできるからです。

アイデアを発想するための記憶術を探す目的で、『センスは知識からはじまる』（水野学著、朝日新聞出版）を読んだときの話です。

目次をスクリーニングしたところ、『センス』で、仕事を最適化する」という章に「効率よく知識を増やす三つのコツ」という見出しを見つけ、ここにヒントが隠されていると考えました。

そして、精読に移る前に、「受験勉強のシチュエーションでは、効率のいい暗記法はいくつか思い浮かぶけど、この仕事やセンスという文脈で知識を増やすためには、『自分の興味関心が高いものから広げていく』かなあ……」と、まず予測してみました。

実際に精読したところ、私の予測はまったくの見当違いだということが判明しました。同著に掲載されていた「三つのコツ」とは、「王道から解いていく」「今、流行しているものを知る」「『共通項』や『一定のルール』がないかを考えてみる」でした。

結果的に自分の予測は間違っていたのですが、自分の頭の中にはなかった新しい情報を得ることができました。

なお、読書における「問題意識」をコーヒーフィルターだとすると、

センスは知識からはじまる

センスというものをロジカルに、かつわかりやすく書いている本。「センスなんて生まれ持ったもの」「知識はネット上にあるから覚える必要はない」と思っているすべての人に読んでもらいたい1冊。

豆本来の旨味を抽出する作業が精読です。

このスクリーニングの工程をしっかり踏むことで、高濃度の旨味を確実に抽出することができるのです。

「要約」「図表」を優先して読む

スクリーニングで読む箇所を決めてから本文を精読していくわけですが、その際に、さらに2つの要素を優先して読んでいくことで内容の理解度が格段に高まります。

その2つとは、**「要約」「図表」**です。

第一に要約。ビジネス書などによくあるスタイルですが、章や節の最後に「要約」や「まとめ」を載せていることがあります。

この「要約」を最初に読み、その後、スクリーニングした章（あるいは節）の最初のページに戻って本文を読み始めるのです。

ずる賢い方法のように思えますが、**最初に「要約」を読むことが、これから読む章（あるいは節）の文脈への理解を大幅に高めてくれます。**

たとえば、隠れたマーケティングの名著に『1日で3カ月分の顧客を集める　市場独占

マーケティング　一生お客に困らない「超売り手市場」を作る7つの原則』（ダニエル・プリーストリー著、ダイレクト出版）があります。内容がてんこ盛りなので全部読むのは大変ですが、すべての章の最後に1ページほどのまとめが載っています。

私はまずそこから読んで、その中で特に深掘りしたい部分のみピックアップし、本文に戻って読み進めていきました。そうすることで、200ページ以上ある本をわずか15分程度で読むことができました。

要約がない場合、要約の役割を果たす語句を文章中に探します。具体的には、**「つまり」「要するに」という接続詞に注目**するのです。「つまり」や「要するに」の後には、結論が書かれていることが多いからです。結論をきちんと読むことで、著者の主張を理解することができます。

「つまり」「要するに」以外に、並列列挙する際に使われる語句にも

1日で3カ月分の顧客を集める
市場独占マーケティング
一生お客に困らない「超売り手市場」を作る7つの原則

「売り手市場」をつくるための原則論だけでなく、具体的なノウハウで埋め尽くされている。邦訳本でありながら読みにくさがまったくなく、マーケティングを実践するためにはぜひ手元に置いておきたい。

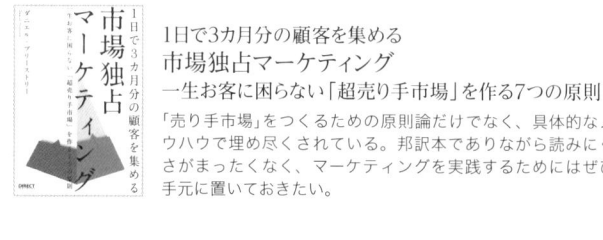

注目します。「1つ目は～、2つ目は～」「第一に～、第二に～」といった語句です。このような書き方のときは、頭の中で情報を整理するのに役立てます。

また、概念を図解化した図版があれば、それを最初に眺めるのもいいでしょう。**図版が「要約」「まとめ」の役割を果たしている**ためです。

このように、要約部分を精読したほうが、内容への理解は圧倒的に早くなります。

第二に、図表です。

図表を見つけたら、そのデータが希少なもの（著者しか手に入れられないようなもの）なのか、一般的なものなのかを判断します。たいていは出典元が記載されているので容易に判断できます。

希少なデータであればそれだけで目を通す価値があるので、きちんと確認します。理系として、すかさずチェックしたい希少性が高いと考えるデータは次の通りです。

- **その本の著者しか手に入れられないデータ（加工前の生データ）**
- **複雑な分析や、分析に高度なソフトウェアを必要とするデータ（加工後）**

その著者しか手に入れられないような独自調査のデータは、そのデータ収集方法（加工したなら加工方法）もあわせてチェックしておきます。

ただし、希少なデータほど真偽を見極めるハードルは上がります。したがって、そのデータそのもの、またはそのデータに対して書かれている著者の解釈や意見は、鵜呑みにしないようにします。詳しくは、この後の「【ステップ３】著者の解釈を鵜呑みにしない」で説明します。

なお、データが、多くの人が知っていたり手に入れられたりするような一般的なものであれば、データとしての希少価値は低いといえます。その場合は、データに対する著者の分析や解釈のみにフォーカスすればいいでしょう。

セレンディピティを楽しむ

なお、目次をスクリーニングしていると、自分の問題意識には当てはまらないものの、大きな学びが得られそうな項目にあたることがあります。そんな場合はセレンディピティ（偶然の出合い）と捉えて、この項目も精読してください。すばらしい情報に出合える可能性があるのです。

セレンディピティが生まれた例を紹介します。

知的生産のレベルを上げるために、どうすれば、精度の高い仮説を立てられるか悩んでいたときのことです。そのとき手に取った本は、『イシューからはじめよ　知的生産の「シンプルな本質」』（安宅和人著、英治出版）でした。

この本の目次をスクリーニングしました。仮説の立て方について書かれている章をチェックしたのはもちろん、第5章の「『メッセージドリブン』でシンプルな伝え方の秘訣」に心が動き、この章の前半部分もチェックしたのです。

知的生産における仮説の立て方を学ぶつもりが、シンプルな伝え方の技法にも出合うことができ、まさにこれはセレンディピティで、思わぬ収穫でした。

イシューからはじめよ
知的生産の「シンプルな本質」

ビジネスに携わるすべての人が読むべき珠玉の名著。AIが未だ人間に勝てない「イシュー」について考え方や手法を身につけたいのなら、本書ですべて達成できる。この本といつ出合えたかで人生が左右されるといっても過言ではない。

【ステップ3】著者の解釈を鵜呑みにしない

著者の主張を疑ってみる

ステップ3は、「著者の解釈を鵜呑みにしない」です。

ステップ2で本をスクリーニングして旨味を抽出し、自分の問題意識に合った部分を精読したわけですが、今度はその情報をあえて疑ってみます。

なぜ疑うのか。著者がうそをついていると思っているわけではありませんが、**理系は常に書かれている情報に対し、事実かどうか、科学的根拠があるか、ロジックに誤りがないか、ポジショントーク（自分の立場を利用して自分に有利になるような記述）になっていないか、目を向ける習慣があります。**

また、何らかのノウハウなら、「著者の置かれたシチュエーションで、そのノウハウを実践したらうまくいった」だけであり、読者も同様にうまくいくとは限らないのです。

その本にあるノウハウなどの情報を鵜呑みにしたまま「やってみる」の実行フェーズに移ると、無駄な失敗をする確率が高くなります。

そこでまずは、抽出した情報に厳しい目を向けて精査する作業が必要となります。

抽出した情報を精査する際、ベースとなる考え方は「クリティカルシンキング」です。

クリティカルシンキングとは、「他人の主張を鵜呑みにすることなく、吟味し評価する方法論」（『科学技術をよく考える　クリティカルシンキング練習帳』伊勢田哲治・戸田山和久・調麻佐志・村上祐子編、名古屋大学出版会）です。クリティカルシンキングで論文や本を読むことを、「クリティカルリーディング」ともいいます。科学者の間では、クリティカルリーディングは必須のスキルとされています。

科学技術をよく考える
クリティカルシンキング練習帳

クリティカルシンキングに必要な基礎知識やスキルが最短で定着するよう、具体的な例題や練習問題で構成されている。例題はすべて科学技術に関するものなので、科学が苦手な方はその基礎も同時に学べるため、まさに一石二鳥の本。

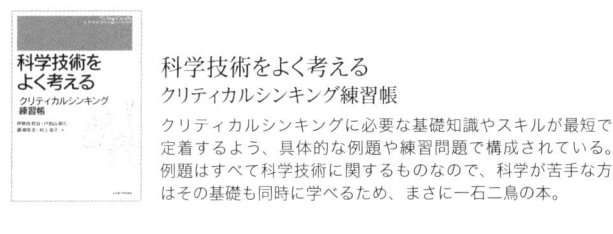

「クリティカルリーディング」を実践するうえでやるべきことは、まず情報を、

- **著者の主張（解釈）**
- **ロジック（著者の主張と根拠を結びつける論理）**
- **根拠（理由や事実）**

に仕分けることです。

そのうえで、精読しながら、「それって、本当？」「なぜ、そう言えるの？」と疑問を持ちながら文章を読み進めていきます。

「事実のように書いてあるが、これは実は、著者の思い込みなのではないか？」

「主張と根拠、つながっていない？」

といったように、ある種うがった見方で読んでみるのです。

たとえば、**書かれた文章が「事実」なのか、それとも「著者の解釈」なのかがはっきり示されていない、あるいは両者が混在するなどしていて、どちらか判別できないようなら、その文章は鵜呑みにしない**ようにすべきでしょう。

著者の「ロジック」に注意して読み取る

また、著者の主張が、正しい道筋で導かれたものかどうか、そのロジックにも注意します。

なかには、1つの事象だけを見て、「○○したら、こうなりました」「この場面でこんな会社に投資したら、これだけ儲かりました」と強引に因果関係をつくるなど、あたかもすべてのケースに当てはまる法則として表現しているものも少なくありません。

ロジックとして、その因果関係が正しいのか、あるいは拡大解釈によって大きく言いすぎているのかは、注意して読み取る必要があります。

本の中には、著者しか知らない事実が根拠として書かれています。真偽を確かめられませんが、すべてを疑ってかかる必要はないでしょう。

事実そのものから学びや気づきが得られることも多いからです。

大切なのは、**事実は事実としていったん受け入れ、その根拠と著者の解釈が適切に結ばれているかに注視する**ことです。

著者の「根拠」を疑う

著者の主張を支える情報の「根拠」についても、疑いの目でチェックします。出所の不確かな情報を引用していたり、古い情報に基づいていたり、情報を恣意《しい》的に加工していたりと、根拠が怪しい状態で主張を展開している場合もあるからです。

特にチェックしてほしい内容は、次の通りです。

情報の出所と作成年月日

- 情報の出所はどこか？（そもそも出所の記載はあるか）
- その情報は一次情報なのか二次情報なのか？
- 「作成年月日」はいつか？

数字と単位の組み合わせ

- 単位を変えて数字を大きく見せていないか？（1gを1000mgなど）
- 単位を変えてミスリードしていないか？（放射線に関するBq《ベクレル》とSv《シーベルト》など）

- 絶対値ではなく、なぜ％で表記しているのか？

グラフの形状

- なぜ、時間経過と絶対値を示せる折れ線グラフではなく、円グラフを使うのか？
- なぜ、その2軸でグラフを描いたのか？
- グラフの目盛りの大きさ（数値の刻み方）は適切か？

引用元のサイト

- どのような調査なのか、どんな機関が運営しているか？
- 引用しても大丈夫なのか？　信用できる内容か？

引用元の文献

- 執筆者は何の専門家なのか、他にどんな著書を出しているのか？
- 引用しても大丈夫なのか？　信用できる内容か？

疑いながら精読していると、真偽が怪しいと感じる出所やそれに関わる情報が出てきます。ただ、そのたびに読書を中断して、いちいち調べるのは非効率です。

読み終わった後で不明箇所をまとめて調べるようにしましょう。

仮説の立案に使うのは、高濃度抽出した情報のみ

「【ステップ1】文脈を理解する」「【ステップ2】本の旨味を抽出する」「【ステップ3】著者の解釈を鵜呑みにしない」と述べてきました。

その結果、自分の問題意識にフォーカスして、本の内容が大幅に絞り込まれ、かつ凝縮されているはずです。

化学の実験でたとえると、ステップ3までのフェーズは、物質の「純度を上げる」行為です。

化学の実験では、物質に不純物が混入すると、意図しない化学変化が起こり失敗しやすくなります。そのため、化学変化をさせる物質の純度を上げる工程が欠かせません。化学実験では、この操作を「精製」といいます。

読書も同じで、本から得られた情報でアイデアを発想したり、本のノウハウを有効活用

したりするには、情報を精製する工程が必要です。それが、これまで取り組んできたステップの作業です。

こうしてステップ3までの段階を経て残った「やってみたい！」と思える厳選された情報を、次の「【ステップ4】活用したい情報から仮説を立てる」に持っていきます。

なお、ステップ4に回すと決めた情報は、マーキングしておきます。私は、ページの上か下に三角の折り目をつけておきます。下の折り目は短期的に実践するもの、上の折り目は中長期的に実践するものを示しています。後者は寝かせておいて、いずれ使いたい内容です。上の折り目があるページは読了後、まとめて付せんをつけて目立つようにしておきます。

ポイントは、**「短期」と「中長期」に分け、「やってみる」における時間軸を意識したマーキングを行う**ことです。簡単なものでかまいませんので、あなたならではの時間軸を意識したマーキングをしてみてください。

【ステップ4】活用したい情報から仮説を立てる

読書で成果に直結するアイデアが湧き出るたった1つの条件

さて、このステップ4は「活用したい情報から仮説を立てる」段階です。料理でいうところの素材の仕込みの最終工程です。

ここでは、本から抽出した情報を活用して「やってみる」ための仮説を立てます。仮説を立てるといっても、そんなにかまえなくて大丈夫です。「簡単なアイデア出し」というイメージを持っていただければ十分です。

本の情報を使ってアイデアを創出するには、何をどうすればいいか。**「自分の知識や経験」と「本の内容」を組み合わせる**、これしかありません。

アメリカの実業家ジェームス・W・ヤングが書いた、数十年間売れ続けているベストセラー『アイデアのつくり方』（今井茂雄訳、ＣＣＣメディアハウス）には、次のように書かれています。

「アイデアとは既存の要素の新しい組み合わせ以外の何ものでもない」

「広告のアイデアは、製品と消費者に関する特殊知識と、人生とこの世の種々さまざまな出来事についての一般的知識との新しい組み合わせから生まれてくるもの」

このヤングの主張を、

「製品と消費者に関する特殊知識」→「本で精読した内容（著者からの情報）」

「一般的知識」→「自分（読者）の知識」

と置き換えてみます。するとアイデアは、「あなたの知識」×「（あなたの中にはなかった）本の情報」で生まれてくる、と捉えることができます。

アイデアのつくり方

たった100ページしかないのに、中身の濃さがハンパない名著中の名著。多くの著名なクリエーターや著者が紹介している本で、アイデア本の原典といっても過言ではないだろう。もっと早く出合いたかった本。

これは、科学における化学反応と同じ。理系の人は、「AとBという化学薬品を混ぜ合わせたらどうなるんだろう?」と考えるのが大好きで、実際に実験してみることもよくあります。

読書においても同様に、2つの異なる要素を組み合わせることで、脳の中で新たな化学反応を起こせるはずです。ぜひ積極的に、脳内の実験を試してください。

本は誰もが手に入れられる一般情報ですが、そこから生まれた仮説やアイデアは、自分だけのものです。

社会にイノベーションをもたらすような壮大なアイデアでなくても、自分が生み出した自分だけのアイデアは、とてつもなく希少かつ貴重なものです。

「この本の情報を使って、自分の仕事を改善してみたら、効率が上がるかも?」、そのくらいのアイデアでも十分に価値があるのです。

したがって、浮かび上がってきた貴重なアイデアは、必ず記憶しておかなければなりません。そのために絶対にやるべきことは、**自分の解釈やTo Doなどのアイデアを、即座に本の余白にメモする**ことです。なぜなら、これらの仮説やアイデアは時間が経つとすぐに消えてなくなってしまうからです。

そこで、読書の最中に浮かんだ仮説やアイデアを、思いつくままでいいので、本の余白に直接書き込んでどんどんストックしましょう。

どうしても本に書き込みたくない人は、スマホで写真を撮って、その画像にメモをしてもかまいません。

たとえば、『カスタマーサクセスとは何か　日本企業にこそ必要な「これからの顧客との付き合い方」』（弘子ラザヴィ著、英治出版）を読んだときには、「成功要因③手放せない・外せないプロダクト」の項目を抽出し、信頼性や再現性が高いと判断しました。この情報と、私がすでに持っていた「研修開発スキル」を掛け合わせ、「1つの商品（研修プログラム）を消費した後に欲しくなるものを、初めのプロダクトの設計段階で仕込んでおく」といった研修ビジネスのアイデアを発想し、メモしました。

実際に、このときのアイデアは研修プログラムを考える際に役立ち

カスタマーサクセスとは何か
日本企業にこそ必要な
「これからの顧客との付き合い方」

カスタマーサクセスを基本から学ぶのに最適な本。ものづくりだけでなく、サービス業やデジタル技術とも相性のいいコンテンツビジネスをしている方にも応用できる考え方が満載。なるべく早い時期に読むことを強くお勧めする。

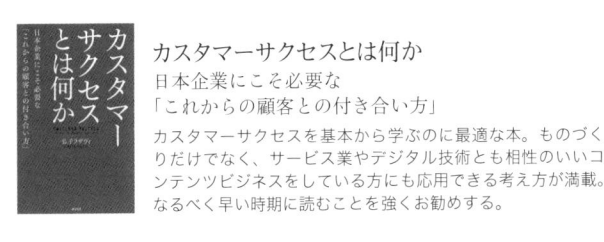

ました。「単発プログラムではなく、連続で受講してもらえるような総合的なプログラムづくりをしたほうが売上は上がるのではないか?」という仮説を立てたことで、「研修ビジネスで成果を上げるためのプログラムの開発を行う」という実践フェーズの成功確率が抜群に高まったのです。

なお、仮説やアイデアだけをノートに書き写す方法もありますが、私はお勧めしません。情報の保管場所が、本とノートに分離してしまうからです。ノートが手元にないときに本で得たアイデアを書き写せなかったり、ノートを広げられるときしか本を読まなくなったりして読書の機会が奪われるのではないかと考えています。

本から抽出した信頼性や再現性の高い情報と、あなたの知識や経験を掛け合わせることで、「やってみる」ための仮説を立てたりアイデアを発想したりすることが無限にできます。

結果的に、次の第3章でお伝えする「検証実験」の成功確率が一気に高まっていくのです。

『理系読書』の「読む」をやってみた

42ページで登場した『ザ・コピーライティング』を、『理系読書』の「読む」の工程を通しで実際にやってみると、このようになります。

【ステップ1】文脈を理解する

まず、メタデータのチェックをしました。

▼発刊年月日
- 邦訳：2008年9月19日
- 原著：1932年（時代背景：世界恐慌の始まり）

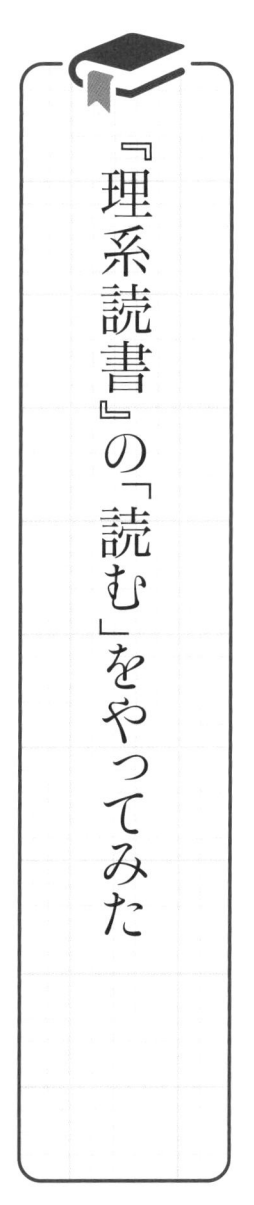

▼著者について

- 著者のジョン・ケープルズは、広告業で有名なアメリカで、どうやら58年間も活躍し続けた伝説のコピーライターのよう。しかも「科学的広告」の促進を目指しているようで、再現性が高そうだと推察
- 神田昌典さんというコピーライティングで著名な方が監訳している。アメリカでＭＢＡを取得しているため、英語の文献にも強いと推察。それゆえ原著に対する信頼性は高まる

▼目次

- 第12章：ノウハウ&事例⑤（トラブルシューティングについて）
- 第13章～第16章：ノウハウ&事例⑥（発展編）
- 第17章：ノウハウ&事例⑦（思考トレーニングについて）
- 第18章：ノウハウ&事例⑧（広告のテストについて②）

【ステップ2】本の旨味を抽出する

自分がコピーライティングのど素人で、かつ本書は翻訳本のため、前提知識が必要だと感じました。また、一週間以内に案内コピーを作成しなければならなかったので、トレーニング時間の確保も必要と判断し、当てはめるだけですぐ書ける「型」や即効性の高いノウハウだけを優先的に抽出したいと考えました。

抽出したのは、スクリーニングにより精読した箇所です。

はじめに：科学的広告の前提知識
第5章「35の見出しの型――効果は検証済み」：全篇（見出しを書く型を抽出）
第9章「コピーの出だしはこう書く」：『リーダーズ・ダイジェスト』に学ぶ6つの型（出

だしを書く型を抽出）

第10章「効くコピーはこう書く」：お薦めのコピー13タイプ（本文コピーの執筆方針を抽出）

第11章「コピーの売込み効果を高める20の方法」：全篇（本文コピーの執筆方針を抽出）

※それ以外の章は、「まとめ」のページ部分のみ読む

【ステップ3】著者の解釈を鵜呑みにしない

そして、本当にそのまま使っていいのか、いったん俯瞰で考えます。

- うまくいった事例について（精読した箇所全体）：セミナー講座のように、現物がないものを売る場合には注意が必要。具体的には、パンフレットには写真を載せられないため、視覚情報に訴えるようなコピーは参考程度にとどめたほうがいいと判断
- うまくいった事例について（15ページなど）：単語を変えて成功事例のコピーにそのまま当てはめないほうがいいのでは？　という疑いを持った。たとえば本書の冒頭で紹介

されていた「私がピアノの前に座るとみんなが笑いました。でも弾き始めると――!」。これを単純に「私がこの講座を受けるといったらみんなが笑いました。でも受講したら――!」とすると、なんか変な感じになる。英語の文法（語句の順序など）と日本語の文法は異なっていて、ニュアンスの違いが出る可能性もあるかもしれないと推察

- オススメの型について（114〜117ページ）。「価格に関する見出し――5つの型」があったが、季節講習会の講座の受講料は一律で決まっており、そこを訴求しても引きが弱いのでは？　と疑った。そもそも受験生に商売っ気を出したコピーは逆にいやらしくなるのではないか？　と考えた

【ステップ4】活用したい情報から仮説を立てる

最後に、次の「やってみる」で行いたいことをまとめます。

- 15ページ「私がピアノの前に座るとみんなが笑いました。でも弾き始めると――!」：この成功事例から、見込み客（受験生）のコンプレックスやインサイト（潜在ニーズ）

を直接話法でまず打ち出し、そのあとにプラスの変化を予感させる内容を書けばいいと仮説を立てた

- 106ページ『新情報』見出し――8つの型」から活用したいと思ったのが「見出しを「新」ではじめる」型：この型をアレンジし、タイトルや見出しで「最新問題」や「最新入試」としようと発想
- 245ページ「具体的なコピーにする」：この情報から、苦手意識を持った受験生に刺さるであろう具体的な入試のテーマ（蒸気圧、Hg柱、浸透圧、平衡、天然有機物の構造決定）を本文コピーに書けばいいと仮説を立てた

本書で身につけたスキルは、汎用性や再現性の高いスキルだったといえます。なぜなら、ここで身につけたコピーライティングスキル（コンテンツを紹介するスキル）は、「話し」にも応用が効いたからです。コピーライティングのように話す「コピースピーキング」ができ、また、『理系読書』内で紹介している書籍の紹介コピーにも活用できました。

第2章 まとめ

超合理化サイクルを回す前に押さえておくべきこと
――「読解力」を構成する3つの力

- ①語彙力――言葉の意味を知る力
- ②構文力――文の意味を理解できる力
- ③文脈力――文章のつながりや流れ、物事の筋道や背景情報を理解する力

【ステップ1】文脈を理解する――「メタデータ」をチェックする

- 「発刊年月日」――時代背景を把握する
- 「著者プロフィール」――著者の得意分野を見極める
- 「目次」――本の「全体」と「部分」の関係性を理解し、ラベルを貼る

【ステップ2】本の旨味を抽出する
――「スクリーニング」で読むべき情報だけピックアップする

- 精読の2つのコツ
  ①予測しながら読む
  ②これまでの自分になかった内容に絞る
- スクリーニングでの優先事項――「要約」「図表」
- 要約の役割を果たす語句――「要するに」「つまり」「1つ目は〜、2つ目は〜」「第一に〜、第二に〜」などに注目する

【ステップ3】著者の解釈を鵜呑みにしない
――クリティカルシンキングの活用

- 疑うべき3つのこと
  ①主張(解釈)
  ②ロジック(主張と根拠を結びつけている論理)
  ③根拠(理由や事実――「情報の出所と作成年月日」「数字と単位の組み合わせ」「グラフの形状」「引用元のサイト・文献」)
- 不純物を取り除いた情報だけステップ4にまわす

【ステップ4】活用したい情報から仮説を立てる
――検証実験のための仮説立案

- 読書で成果に直結するアイデアが湧き出る条件――「自分の知識や経験」と「本の内容」を組み合わせる
- 「実験で確かめたい仮説」=「(あたなの中になかった)本の情報×自分の知識」

第3章

知識とスキルがたちまち3倍アップする読書の検証実験

実体験からしか生まれない「経験」が最強の学習素材となる

「やってみる」ことで、本から抽出した情報を自分に浸透させる

第3章では、読書の超合理化サイクル「読む」「やってみる」「確かめる」のうち、「やってみる」について説明していきます。

「やってみる」は、本から抽出した情報を、実践・経験してみることで、それをより深く理解し、自分に浸透させていく段階です。

単に「やってみる」だけでなく、本からの情報を自分に合うようにアレンジして、自分ならではの法則・ルールをつくり、さまざまな場面で使えるよう目指します。

理系の人は、「ルール」「法則」「パターン」を好む傾向があります。学んだ1つの公式を、

超合理化サイクルの「やってみる」

検証実験から、自分の役に立つのかを確かめて、本の内容への理解を深める

いろいろな問題やシチュエーションに当てはめたい——そんなふうに考えています。

私もその1人で、本から抽出した1つの情報をさまざまなシチュエーションで使って、レバレッジを効かせます。

実際に、本から抽出した情報を多くのシチュエーションで使えた例はたくさんあります。

たとえば、国立民族学博物館の初代館長で、京都大学名誉教授も務めた梅棹忠夫《うめさおただお》氏の著書『知的生産の技術』（岩波書店）です。

生物物理学の研究をしていた当時、私はいち研究者の端くれとして、どのようなスキルをどう身につけていけばいいのかまったくわかりませんでした。学生として「学ぶこと」と、研究者として

「研究すること」は同じような知的生産活動だと捉えていた私は、この2つが実はまったく異なる活動だということに、しばらくの間気づくことができなかったのです。

しかし、この本から抽出した「未知なるものを突き詰めていくための知的生産の技術」を、「新しいものを創造する際に必要となる技術」にアレンジしました。

ここでアレンジしたスキルは汎用性が高く、学生時代にとどまらず、社会人になり、起業家としてコンテンツビジネスを起こしたときにも大いに助けになりました。

起業と研究には、「まだないものを突き詰めていく」という共通点があり、研究のために身につけた『知的生産の技術』の中のスキルが、独立・起業してからの私の人生においても幅広く活用できたのです。

本から抽出した情報を自分ならではの法則やルールにアレンジし、それをさまざまなシチュエーションで使うことで、新たな知識体系ができあがります。これが、情報にレバレッジが効いたということです。

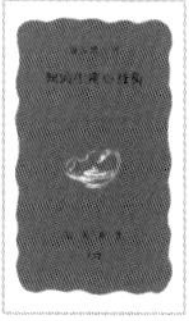

知的生産の技術

『情報の文明学』と並ぶ名著。知的生産の技術の原点がここにある。天才と呼ばれた梅棹氏の知的生産技術がふんだんに詰め込まれており、大きなリターンが期待できる非常にお得な1冊。高校生や大学生にもぜひ読んでもらいたい。

法則・ルールにして使い回す

本で得た情報をさまざまな場で使っていくと、情報にレバレッジが効いて、何倍もの効果を発揮する

読んで終わりにするのではなく「やってみる」が大切

文章術の本を読んで得たノウハウを自分用にアレンジし、1を知り、10のシチュエーションで使えたことがあります。

予備校講師時代、私はブログを開設しました。受験生の勉強に役立つ情報や、受験生を励ます情報を発信するためです。

しかし、ブログを開設してすぐに壁にぶつかりました。いざパソコンの前に座っても、指が1ミリも動かないことはしょっちゅうで、執筆が苦痛で仕方がありませんでした。

講師として「話す」プロだから、「書く」のも簡単だろう。そんなふうに過信していましたが、実際は違ったのです。「自分には書く才能がないんだ」と落ち込みました。

コピーライティングの本を仕事に活用した事例を前述しましたが、コピーライティングの文章はあくまでもセールス用で、比較的短いものです。ウェブ記事やブログに載せるようなセールス目的でない長文を執筆するときには、コピーライティングのノウハウはあまり役立ちませんでした。

そこで、文章の書き方を学ぶために、『6分間文章術　想いを伝える教科書』(中野巧著、ダイヤモンド社)を読みました。

その本で紹介されている文章術は、いきなり頭から執筆し始めるのではなく、全体の流れや各パートの内容を7つのブロックに書き込むことであらかじめ文章全体の構成を作っておき、そのうえで本文を書き始めるというものでした。

文章のプロからしたらベーシックな手法かもしれませんが、当時の私にとっては画期的で、目から鱗が落ちるノウハウでした。

6分間文章術

想いを伝える教科書

図版やイラストが豊富で(しかもオールカラー!)、文章術の本とは思えないほどのポップさがあり、読むというより見て楽しむ本。7つのブロックを埋めるだけで文章構成が勝手にできてしまうエンパシーチャートはすばらしい発明品。

ただ、「これなら自分でもできるぞ！」と意気込んだものの、実際にやってみようとすると、簡単にはいきませんでした。

そして、1本1本記事を書き進め、10数本の記事を何とか仕上げた頃にやっと、その本に書いてあるテクニックが身についた実感が湧きました。

そこからはあまり意識せずにスイスイ書けるようになり、以来、文章を書く苦手意識はなくなりました。

実は、それ以前にも文章術の本を読んだことはありました。ただ、本に書いてある内容はおおよそ理解できましたが、「わかっている」つもりでも、身についていなかったのです。

「わかっている」と「やってみる」の間、さらに「やってみる」と「できる」の間には、大きな隔たりがあることがこの件で改めてわかりました。

本から抽出した情報は、実際に「やってみる」をしないと身につけることはできません。やってみて、できるまでのプロセスによって深い理解は得られます。

だからこそ読書は、読んで終わりにするのはとてつもなくもったいない。「やってみる」経験を通して、初めて現実世界で持続的な変化を生み出すことができるのです。

実行に移したい情報をオリジナルの武器に変える

アイデアや仮説を整理して保存

第2章の「【ステップ4】活用したい情報から仮説を立てる」で、実際に使ってみたい情報を抽出したり、余白にアイデアをメモしたりする作業をしました。

本から抽出した情報を、きちんと自分の中に浸透させるには、情報をそのまま使うのではなく、自分用にアレンジする必要があります。そうすることで、オリジナルの武器へと変わります。

それらを、データとして一元化しておきます。データで保存しておけば、持ち運びが簡単で修正も容易であり、かつ組み合わせることもできます。

Evernote や Microsoft OneNote、Google Keep といったクラウドサービスのメモアプ

りに保存しておけば、スマホ、ｉＰａｄ、パソコンなど、どの端末からも、いつでもデータを取り出せたり、修正をすぐに加えたりできます。

以前はデータの保存にノートや手帳を使っていましたが、冊数が増えるにつれ、どの冊子にどの本のメモが書いてあるのかがわからなくなったりしていました。しかし、データなら検索して瞬時に探し出すことができ、クラウドに保管しておけば紛失の心配もありません。

私の場合、保存用のフォーマットを作り、そこに本から抽出した情報をまとめて保管しています。

このフォーマットにはまず、タイトル、著者名、日付（このフォーマットに書き込む日）をさっと入力します。

その下に、抽出した情報や仮説を書き込んでいきます。左側は「本の該当部分」、つまり抽出した情報です。該当のページと、引用部分の文章をそのまま入力します。後でブログなどに引用する可能性がある場合には、本に書いてある文章のまま、間違いのないように入力します。

右側は、その該当箇所に対する「自分の解釈」です。気づいたこと、そこから思いついたアイデア、用いたいシチュエーション、反論、疑問、アレンジなどを書き込んでください。

本から引用する文章が長いときや、図表を保存したいときは、該当箇所の写真をスマホで撮って、フォーマットに貼り付けるだけでもかまいません。

私は仕事柄、後で企画書などに文章を引用したりエビデンスとして使ったりすることが多いため、テキストデータで保存しています。

なお、ここでフォーマットに入力するのは、次の「やってみる」で実際に試したいと思った情報だけで十分です。精読した部分をすべて保存用フォーマットに書き写す必要はありません。

繰り返しになりますが、理系読書で大切なのは「読む」ことではなく、本の情報を実際にやってみて、自分の中に確実にインストールすることです。そのための情報整理はできるだけ最小限にシンプルにしたほうがいいのです。

なお私の場合、「自分の解釈」欄の最後のところに「2020・5受注成功」「サーベイ

読書で得た情報をまとめて保管する

▸書き方

『タイトル』、著者名、日付（書き込む日）	
（本の該当部分）	（自分の解釈）（→は結果）

▸例

『一流の睡眠』、裴英洙、2020.4.30	
P.103 戦略的に昼寝をする場合、必要時間は合計25分を見込んでください。（中略）20分以上寝てしまうと、脳は熟睡モードに切り替わり、昼寝後も慢性的な眠気が続いてしまう恐れがあります。	これまで仮眠は長くとるほうがいいと思って1時間から1時間半くらい寝ていて、逆に作業効率が落ちてしまっていたが、これからは睡眠時間を短くする必要がある →仮眠後のデスクワークの集中力が上がった。同じ作業が3/4～1/2くらいの時間で終了

『カスタマーサクセスとは何か』、弘子ラザヴィ、2020.2.16	
P.132 成功要因③手放せない・外せないプロダクト	1つのプロダクト（研修プログラムなどの商品サービス）を消費した後に欲しくなる次のプロダクトを、あらかじめ仕込んでおく（設計する） →2020.5受注に成功

『「事業計画書」のつくり方』、原尚美、2020.6.7	
P.18.20 事業計画書のプレゼン用テンプレート	テンプレートにそのまま当てはめてみる →これまで数日かかっていた新規事業の計画書が3時間くらいでまとめられるようになった

『「経験知」を伝える技術』、ドロシー・レナード、ウォルター・スワップ、2020.1.20	
P.15 組織の中には、頭や手に直感や判断力や知識（目に見えるものもあれば、目に見えないものもある）を蓄えている人たちがいる。このようなエキスパートと呼ぶべき人たちのもっている知識こそが、ディープスマートだ。	最後の「知識」は、ナレッジと置き換えたほうが良いかも。原文をあたる。 →サーベイ完了
P.25 図1-2ディープスマートの育成・移転における知識の役割	SECIモデル（野中郁次郎）と対応させてみる →SECIモデルのほうがプリンシプルはしっかりしているよう。汎用性のあるモデルはこちらか。

完了」などと記載していますが、これは、本から抽出した情報や仮説を実際に活用してどうだったのか、その結果を書いたものです。詳しくは第4章でお話しします。

整理した情報からどんなリターンが得られたかをきちんと評価し、その内容を書き込むことで、問題解決にしっかりつながったかどうかをチェックすることができるのです。

自分専用のアイデアの宝庫を手に入れよう

私は物覚えがいいほうではないので、本を読んだだけでは忘れてしまいます。恥ずかしい話、繰り返し読んでも、活用しなかったらすぐに頭の中から消えてしまいます。本以外からも新たな情報が絶え間なく入ってきて、本で読んだ内容がどんどんかき消されてしまうのです。

せっかく貴重な時間とお金をかけて読書をするのだから、必要な情報を自分に浸透させる前に忘れてしまうのはもったいない。だからこそ私は得た情報はきちんとインストールして、使えるかたちに残しておきます。結局のところ、抽出した情報を身につけない限り、現実世界で変化を起こせないため、身につけるまでは適切な情報の保存が必要です。

このようなかたちで情報を整理し、データとして保存しておくことで、実行するときに、自分専用のマニュアルとして活用できます。

本から情報を抽出しまとめたフォーマットの束は、自分専用のアイデアの宝庫です。本を読んでも、インターネットで探しても、どこにも載っていない情報です。だからこそ非常に大きな価値があるのです。

読書する前後の変化量の源泉となる、自分なりのアイデアを決して忘れないよう、このフォーマットや仕組みをぜひ使ってみてください。

なぜ、理系は「試し打ち」を重視するのか？

理系はリアリスト。自分の目で見たことしか信じない

理系の人は、ロジックやメカニズムがわかっているということしか信じないというイメージがあるかもしれませんね。ただ、ロジックやメカニズム以上に重視しているものがあります。それは自分の目で見た「事実」です。

理系の人は、本や論文に書いてある著者の理論がいくらスゴそうでも、鵜呑みにすることはまずありません。論文の内容はその著者にとっての事実ではありますが、読んでいる自分にとってはまだリアルな事実ではないからです。

その理論は正しいのか、実際にできるのか、再現性があるのか……などと考え、「本当かどうか、確かめてみよう」と実験を始めてしまうこともよくあります。

論文を読んだだけでは納得できないことでも、**自分で実験をやってみて、書かれていた通りに再現できると、「この理論は合っていた」と納得する**のです。

ただこれは、理系の人に限らず、誰にとっても同じではないでしょうか。

「理屈だけではわからなかったことが、実際にやってみたら腑に落ちた」、そんな経験があるはずです。

理解・納得できるかどうかは別として、**最速でインストールするためには、実体験をすることが最大の近道**なのです。

自分の抱える問題に対して、いち早く納得のいく解を得るために、とりあえずやってみるのが合理的な選択です。

1冊の本を読み終わって、「著者の言うことがどうも腑に落ちない」と思ってもいいのです。「腑に落ちないけれども、何となく問題解決はできそうだ」と感じたら、ぜひ実験に移ってください。

1冊読むのに、理系読書の読み方で15～30分。1500円前後のお金もかかっています。「何としても、投資した時間とお金に見合うだけの成果を得るぞ」という、貪欲な姿勢が大切です。

本を読んで問題解決に必要な情報を抽出し、さらに行動に移せば大なり小なり必ず何らかのリターンは得られます。

私は社会人になりたての頃、給料が少ないなか、食費を削って本をたくさん買って読んでいました。

「この１５００円で、チキンラーメンが15回食える。それを我慢して本を買っているんだから、何か身につけないともったいない！」という思いで、必死になって本から現実世界の問題解決につながる情報を得ようとしていました。

そんなとことん切り詰めた生活をしながら大量に読書したことが功を奏し、２年後に年収は１０００万円を超えました。さらに数年後には１８００万円ほどになりました。

これもすべて、理系読書で「やってみた」からです。ぜひ、「試さないともったいない」精神で読書し、その後に得られる果実を存分に味わってください。

失敗しないと、わかるものもわからない
——小さく、早く、試し打ちする

失敗することで明らかになるものがある

問題解決に挑もうと考えたときに、脳裏をよぎるのが失敗です。

「失敗したらどうしよう」「失敗したら、時間やお金を無駄にするかも……」などと不安な気持ちになることがあります。

そんな不安は、理系的な考え方で一掃できます。

理系の人は、たいがい失敗を恐れません。なぜなら、実験では成功より失敗のほうが圧倒的に多いからです。

理論を理解し、入念に準備し、手順通りに実験を進めたとしても、なぜか失敗してしまうこともあります。

すでにある理論の再現ではなく、未だ明らかになっていないことを発見するために行う実験ならなおさらで、日々の実験のほとんどは失敗に終わります。

常日頃からそのような経験を重ねている理系は、実は失敗に対する免疫がかなり高いのです。

失敗に対するレジリエンス（回復力や復元力）が高いので、いちいち落ち込むようなことはありません。

落ち込むより先に、「なぜ失敗したのか？」「どこが悪かったのか？」と分析を始める習慣がついています。

したがって、「失敗が怖い」「失敗するくらいなら挑戦しない」という考えはかき消されてしまうのです。

それよりも、**「やってみないことには何もわからない」「失敗すれば何かが明らかになる」「小さな失敗から成功への道筋を探りたい」という意識のほうが強い**のです。

そんな姿勢で臨めば、失敗は怖くなくなるのです。

小さな試し打ちを繰り返して精度を上げる

これからやろうとする実験が成功するかどうか、その理論やノウハウが正しいかどうか、今一つ自信が持てない場合はどうでしょうか。

「わからない」まま「やる（実践する）」のは、確かに不安です。しかし、理系は「わからないまま」にしているほうが気持ち悪いと考えるのです。

失敗して、何らかの結果が出れば次へつながりますし、失敗した原因や改善策を考える機会が得られます。

さらにいうと、五感を通した体験が最も記憶に残ります。本や論文ばかり読んでいても「経験」は得られません。経験すべき情報が抽出でき、仮説を立てられたら、失敗してもいいので、経験することに軸足を移すべきです。

大きな失敗（化学実験でいうなら大爆発とか）はもちろん避けなければなりません。ただ、小さな失敗はむしろ成功へのプロセスの１つとして歓迎すべきです。なぜなら「成功には続かない道」が１つずつ潰されていくだけのことだからです。失敗経験は、次の「やってみる」の成功確率を高める行為なのです。

いわゆる「試し打ち」では一発目でホームランを狙うのではなく、むしろ試し打ちで軽く失敗するくらいがちょうどいい。その失敗から軌道修正して、試し打ちの回転数を上げていったほうが、成功確率が高まり、成功するまでの時間も短縮できます。

つまり、**小さく、早く、試し打ちする**のです。

私はこのことを、現役で東大に受かり、ハーバード大学の研究室にも在籍した経験のある指導教員に耳にたこができるほど何度も聞かされました。

「論文ばかり読んでいてはダメ。実験しないと、一歩も前に進めない。つべこべ言わず、とりあえず実験をやろう」

「入念に準備をしても1つも結果は出ない。失敗してもいいから早く実験をしなさい」

私に限らず、実験をやっていた理系の人は似たような経験があるのではないでしょうか。

私はもともと完璧主義で、成功確率が高くないとやりたがらない性格でした。でも大学・大学院時代に理系の考え方を身につけてからは、完璧主義を捨てました。

本を読んで、書いてある内容が役立つと思ったとしても、それが自分に当てはまるかどうかはやってみないとわからない。それならば、とりあえずやってみる。失敗も、前進の1つなのです。

失敗したら軌道修正ができます。**小さな失敗をできるだけ早く経験することが、大きな成果を出す最短の道につながる**のです。

「やってみる」で「頻度」を重視する理由
――「活用型」は脳の出力がアップする

読書時間の5倍以上を「やってみる」にかける

理系読書の方法で「読む」と、1冊あたり15分から、長くても30分程度で読了することになります。自分の問題意識に当てはまる部分にフォーカスして読むので、短時間で読み終わるのです。

では、「やってみる」にはどれくらいの時間をかければいいのでしょうか。

これは必然的に、読書時間よりも長くなります。

「読む：やってみる」＝「1：5」

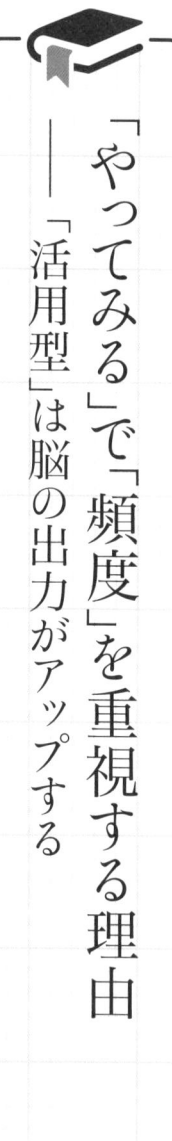

つまり、**読むことにかかった5倍くらいの時間は、「やってみる」に使う**と考えてください。

たとえば、ＰＤＣＡに関する本があり、その中の「ＰＤＣＡの検証と改善」に関する箇所を15分かけて読んだとします。

本を読んで1回やっただけでは、そのスキルが身につくことは稀でしょう。手順が覚えられなかったり、改善ポイントが見つからなかったりして、うまくいかないことのほうが多いのが普通です。

しかし、その失敗を次に生かしつつ、2回、3回と回数を重ねていくことで、だんだん慣れてくるものです。手順が頭の中に入り、注意すべきポイントを意識せずにできるようになることで、つっかえることなくスピーディーにＰＤＣＡの検証と改善ができます。

ほぼ完璧にそのスキルを自分にインストールするためには、読書した時間の5倍くらいの時間をトレーニングにかけるほうが、スキルは身につきやすいです。

逆に、「やってみる」にそれくらいの時間を投じる意識を持たなければ、研ぎ澄まされた著者のスキルを身につけることは難しいのです。

読むだけでなく、実際にやってみるほうが物事を覚えやすいことは脳科学的にも証明されています。

脳は出力依存型で、しかも出力機会が多いほうが「これは大事な情報だ」と認識します。つまり**アウトプットの回数で、自分にとって重要か、重要でないかを判断する**のです。

したがって、「やってみる」の回数をこなしたほうが、記憶の定着率は爆発的に高まります。

本をたくさん読んで詰め込む「詰め込み型」よりも、本から抽出した情報を使ってみる「活用型」のほうが、知識の定着には効率がいいのです。

「読む」に時間をかけるより、「やってみる」に時間を費やしたほうが、結局は短時間でインストールできるのです。読む時間が短くなればなるほど「やってみる」に割く時間が増えるので、問題解決を前提にしているなら合理的といえます。

なお、**アウトプットのコツは複数回に分けて何度もやること**です。100分を1回やるより、10分を10回やったほうが、定着しやすくなるので、頻度が大事です。

一方、情報の抽出作業は、一つの問題意識に対して基本的に1回のみ。何度も読んだからといって、その問題意識に対して抽出される情報が濃くなることはあり得ません。お茶葉の出がらしと同じです。問題意識に引っかからない部分を何度も読むことは避けるべきです。

繰り返し読んで覚えるのではなく、1回だけ読んで必要な箇所を抽出し、繰り返し「やってみる」。それが、本の内容を最速でインストールしたいときの一番の近道なのです。

部分的変化を目指すだけでいい
——「変化1%未満」の絶対ルール

身につけたい情報は1つに絞る

「やってみる」の際に気をつけたいのは、抽出した情報は1つずつ実践することです。実践に移すアイデアや確かめたい仮説を1つに絞れば成功しやすくなります。たとえ失敗したとしてもリスクが低いうえ、失敗の原因も特定しやすくなります。

たとえば、コミュニケーション術に関する本を読んで、「初対面の相手と信頼関係を構築する」を実験テーマに設定したとします。

本には、「第一印象がよくなる発声方法」「笑顔のつくり方」「話している最中の目線のポイント」「上手な相づちの打ち方」「会話が弾むオープン・クエスチョンの例」など、いろいろなノウハウが載っています。

どれもすぐにできることなので、試したくなります。しかし、これまで自分が持っていなかった知識やスキルを、複数同時に試そうとすると頭や体が混乱します。

したがって、「まず今回は、発声方法だけに集中しよう！」というように、狙いを1つに定めます。場合によっては、「発声方法」でもまだ範囲が広すぎるかもしれません。**読書用のフォーマットにメモを取った分のうち、1項目だけに取り組むくらいでも十分**です。

今の自分にわずかな変化を加えていくイメージ

「やってみる」によって、自分にもたらしたい変化は、大きな変化ではありません。

イメージとしては、読書以前から自分に身についていたスキルやすでに持っていた知識の上に、スパイス的に取り入れる。それくらいのわずかな変化です。

数値化するなら、変化率は「1％未満」です。

ここでの**実験の目的は、あくまでも「部分的変化」を目指すこと**。その積み重ねとして「全体変化」があると考えてください。

スポーツでも効果的なトレーニングは、部分練習から全体練習へと少しずつ広げていく方法です。

サッカーだったら、まずはパスやドリブルといった基礎スキルをトレーニングしてから、徐々に高度なトレーニングへと移り、十分に上達したら試合形式でやってみますよね。

読書における「やってみる」もそれと同様に、基礎から始めて徐々に難易度を上げていくほうが身につきやすいのです。

マイクロステップに分割して、反復練習しながら物事を覚えていったほうが成功しやすい。このことは、ハーバード・ビジネススクールでMBAを取得したアメリカのカリスマ教師ダグ・レモフ氏も、著書『成功する練習の法則　最高の成果を引き出す42のルール』（ダグ・レモフ、エリカ・ウールウェイ、ケイティ・イェッツイ著、依田卓巳訳、日本経済新聞出版）で述べています。

なお、「自分の実験したいことを試す場が少ない」というケースもあるでしょう。

たとえば、人前でのスピーチ。スピーチの本を読んで、そこに書か

成功する練習の法則
最高の成果を引き出す42のルール
結果を出すことに徹底的にこだわった正しい練習の仕方を指南してくれる１冊。教える仕事をしている人はもちろんのこと、スポーツ含め、何らかのトレーニングで成果を出し続けたいと思っているすべての人にお勧め。

れているノウハウを試したいが、実際のスピーチの機会は1年に一度しかない、といったケースです。

私はそのようなケースほど、リスクを回避するために1％未満の変化を意識的に試します。一発勝負のときに失敗してしまうと、取り返しが付かないダメージを受ける可能性があるからです。

大勢の前でスピーチする機会が年に1回しかなかったとしても、2、3人の前でスピーチする機会を自分でつくるとか、誰もいないところでスピーチし、それをビデオに撮ってチェックするとか、**工夫次第で小規模な実験をする方法はいくらでもあります**。

『ジェームズ・クリアー式　複利で伸びる1つの習慣』（ジェームズ・クリアー著、牛原眞弓訳、パンローリング）にもありますが、1％の変化でも立派な変化です。3日に一度、1％ずつ、何らかのスキルを向上させていったら、1年後にそのスキルは3倍に上がっていきます。

わずかながらの変化も着実に積み重ねていけば、大きな成長を実現できるのです。

ジェームズ・クリアー式
複利で伸びる1つの習慣

習慣について非常にロジカルに説いている本。行動を変化させて成果を得たい人は、この本１冊で十分といっても過言ではないだろう。個人の経験則だけでない学術的な裏付けも豊富で、高い再現性を期待できる内容である。

1分でできる実験プランで知識やスキルを最短で身につける

「読んだら即実験」を徹底する

科学実験の前には、実験プランを立てるのが鉄則です。読書したことを「やってみる」前にも必ず、実験プランを立てれば、無意味な失敗を減らすことができます。

ただ、実験プランといっても難しく考える必要はありません。**「目標」と「期日」を設定するだけ**です。

それを前述したフォーマットの余白部分や、スマホのメモアプリに書き留めておきます。時間にしてたったの1分です。

たとえば、「今週いっぱいは部下のモチベーション管理方法を実践してみよう！　まずは、長所を見つけて褒めるテクニックを実践・向上させよう！」のように、期日付きの簡単な目標を立てます。

私は、これをスマホのトップ画面にメモします。以前は、手帳の週間予定表のページにメモしていました。いずれの場所も、イヤでも目に付き、実践しようとする意識を継続できるからです。

実験を成功させるコツは、本を読んでから即日～1週間以内に実験を開始することです。なぜなら、読書から実験までの期間が空いてしまうと、本を読んだ直後の強い情熱が徐々に薄れていくからです。

やがて実験すること自体を忘れていきます。

場合によっては、実験に着手することなく別の本を読み始めてしまい、新たにやりたいことが出てきます。そうなれば、前の本を読んだ時間が無意味になってしまいます。

「読んだら即実験」を厳守しましょう。

実験に移るときに気をつけたいことがもう一点あります。それは、読書の超合理化サイクルのうち、「やってみる」の次の段階である「確かめる（評価）」を意識することです。

ビジネスの成否は、周りの人からの評価で決まることが大半です。したがって、自分の評価を高めることが大事。自分の望む評価につながらない実験なら、やるのを思いとどまってもいいくらいです。

「これをやって、自分の欲しい評価は得られるのかな？」「そもそも自分の望む評価ってなんだろう」という意識は常に持つようにしましょう。

知識とスキルを最短でモノにするコツ

本を読んだ後に「やってみる」内容は、大きく「知識系」と「スキル系」に分かれます。それぞれのジャンルで成果を上げるコツをご紹介します。

▼知識系：知識を身につける

知識系の本を読んで成果を上げるコツは、自分の知識とつなげられるように「使う」ことです。

知識を定着させるために、特にお勧めのトレーニング方法が「口頭説明」です。

自分が定着させたい知識について、メモなど何も見ずに、自分の記憶だけを頼りに、他人にわかりやすく説明してみる方法です。もともと自分の持っていた知識と、本から得た知識を結びつけながら説明することで、記憶の定着が図れるのです。

たとえば、『ベストセラーコード』を読んだ後に、「ベストセラーコードって本、知ってる？　ベストセラーになった本の情報を集めて、そのデータをテキストマイニングして……」。こんなふうに誰かに口頭説明することで、自分の中の記憶も強化されます。

受験勉強においても、「覚えたことを他人に話して説明する」は、記憶を定着させ理解を深めるのに有効なテクニックとして知られています。

その原理は、73ページで紹介した「精緻化リハーサル」です。口頭説明することで、脳内の情報が短期記憶から長期記憶に移動します。

口頭説明するときは声に出しているので、自分の耳からも音が入ってきます。耳からの聴覚記憶は、目で見た視覚記憶よりも発達しているため、記憶が促される効果もあり声に出したほうが長期記憶に残りやすいという研究結果もあります（『人間の記憶　認知心理学入門』ジェフリー・R・ロフタス、エリザベス・F・ロフタス著、大村彰道訳、東京大学出版会）。

説明する相手は、会社の同僚や家族など誰でもかまいません。相手がいない場合は、動画に撮ってみるのはどうでしょうか。自分で見返してチェックすれば、スピーチの練習にも役立ちます。

一方、読んだ内容を「書く」ことはどうでしょうか。

いくつかの研究論文を読んで自分なりに検証してみたのですが、もし**文字で残すなら自分の言葉（自分らしい表現）に変換して手書きで残す方法が有効**でした。

書き写しやデジタル上でのコピペ（＝情報のまま）では不十分。自分が「普段使っている言葉」で表現することで、精緻化リハーサルが促進され、すでに持っている知識とつながりながら定着が促進されるのです。

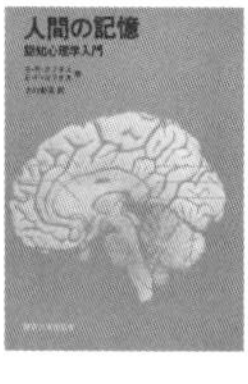

人間の記憶
認知心理学入門

認知心理学の隠れた名著。紹介されている研究そのものは古く、ツッコミどころもあるかもしれないが、あまたの記憶本の源流ともいうべき内容で、心理学を本格的に学ぶためには必読。絶版本のため、見つけたら即買いをお勧めする。

▼スキル系：スキルを習得する

スキルを習得するには、実践あるのみです。やらなければ身につきません。

そもそも、スキルとは反復練習が必要なものを指す言葉でもあり、身につけるまでに想定以上の時間を要する可能性があります。

そのため、スキルの習得についてはトレーニング期間（身につくまでの猶予）を知識系よりも長めに設定するのがポイントです。

私が予備校講師になりたての頃、説明中の口癖である「え〜」「あの〜」を減らすトレーニングをしていたときのことです。

当初は1週間くらいを目標に設定していたのですが、この口癖はなかなか直りませんでした。結局、意識しなくても「え〜」「あの〜」を口に出さないようになるまでには、3週間ほどかかってしまいました。

余談ですが、「え〜」「あの〜」をやめるコツは、言いそうになったときに、意識して鼻から息を吸うことです。それを習慣化することで、次第に「え〜」「あの〜」を減らしていくことができます。

なお、知識系にしてもスキル系にしても、複雑な実験プランを立てると、実行に移すのが面倒くさくなったりハードルが上がったりして、結局やらないままになってしまう可能性が出てきます。

1％程度の小さな変化でもいいと割り切って、ごくごく簡単な実験から始め、小さな失敗経験や成功体験を積み重ねていくようにしましょう。

第3章 まとめ

実体験からしか生まれない「経験」が最強の学習素材となる

- 本で得た情報で仮説（法則・ルール）を立て、さまざまな場面でも使えるか検証実験する
- 「わかっている」と「やってみる」の間、「やってみる」と「できる」の間には大きな隔たりがある

実行に移したい情報をオリジナルの武器に変える

- 「仮説」＝「本から抽出して自分なりにアレンジした情報」
- 気づきやアイデアは忘れないように一元化し、保存する

理系が「試し打ち」を重視する理由

- 失敗すれば、必ず何かが明らかになる
- 小さな失敗をできるだけ早く経験することで軌道修正を前倒しでき、最短ルートでの成功につながる

「やってみる」で「頻度」を重視する理由

- 「読む：やってみる」＝「1：5」
- 脳は出力依存型 ──「読む」より「やってみる」に時間を費やしたほうが身につきやすい

部分的変化を目指す──「変化1％未満」のルール

- 身につけたい内容は1つずつ実行する

1分でできる実験プラン

- 読んだらすぐ「目標」と「期日」を設定し、即実験を徹底する
- 知識を最短で身につけるコツ── 口頭説明で「使ってみる」
- スキルを最短で身につけるコツ── 反復練習で「繰り返す」

第4章

わかっただけではなく、きちんとできているか？

既読本からの学びを評価しないまま、類書を読んではいけない

なぜ「評価」が必要なのか？

第4章は、読書の超合理化サイクル「読む」「やってみる」「確かめる」のうち、「確かめる」についてお話しします。

第3章で**「やってみる」をした結果どうなったのか、問題解決に至ったのかどうかを評価します**。

なぜ「評価」が必要なのでしょうか。

そもそも、「読書に書いてあることをやってみて、うまくいった」「知識が定着した」「スキルが身についた」、それだけでいいような気もします。

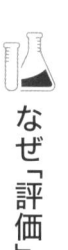

超合理化サイクルの「確かめる」

検証実験の結果を評価し、改善点を見つけて、次のアクションにつなげる

ここで行う「評価」とは、検証実験の結果を考察することだけでなく、これまでの作業を振り返って確認し、「改善点を探る」ことです。結果だけでなく、超合理化サイクルのプロセス全体を評価し直していくのです。

このような評価の作業を行うことで、毎回の読書の成果を厳しい目でチェックすることになり、成果の出ない読書を淘汰できます。

このような評価を終えるまでは類書を読んではいけません。なぜなら、問題解決できていないということは、問題意識はそのままということ。そうなると、類書から抽出する情報も変わり映えしないからです。なお、類書を読む行為を全部、時間の無駄と言っているわけではありません。

以前まったく同じ問題意識を持って読んだ本から情報を抽出したのに実行に移さないまま類書を読むことが無駄と考えているのです。

本を読んだ後に何らかの実験結果を考察し、新たな問題意識を得て、そこに対する解決策を探そうと新たな読書に進む。そのために評価が必要なのです。

なお、**「読んだ本が自分には難しかったから、同ジャンルでもう少しレベルを下げた本を読もう」、これも立派な実験結果の考察であり、確実に前進している証拠**です。

「問題意識は正しかったのか?」から確認する

評価をする際には、「そもそも最初の時点で持っていた問題意識は正しかったのか?」のレベルから確認する必要があります。

たとえば、私の知人は英語の学び直しをしようと、英語の勉強法に関する本を買いあさっていた時期がありました。どうやら同僚の方々が皆優秀で、TOEIC®の成績で900点以上のハイスコアを叩き出す方がかなりの数いたようです。周囲の人のTOEIC®の点数が高いからという理由で、本に書かれた手法を参考にしつつ英語の学び直しに取り組んだのですが、本業が忙しいこともあり、なかなか続かず、本人の望むような成果は得られませんでした。

相談を受け、読書全体の評価を手伝いました。そのとき読んでいた本が本人のレベルに合っていなかった可能性も考えたのですが、それ以前に本人の問題意識が根本的に間違っていたという結論に達しました。「誰の何の役に立つ読書なのか？」、この質問を知人にしたところ、即答できなかったのです。

本業で英語を使う場面がほとんどないために、英語を学ぶ緊急性・必要性がなく、本人にとって英語学習の優先順位は、実は低かったのです。

評価対象にならない勉強に、高いモチベーションを持って取り組むのは難しい。だから、勉強がなかなか続かなかったのです。

そこに気づいた知人は、英語の学習時間をゼロにすることを決断。本業であるマーケティングのスキルアップなど重要な課題のための読書に時間を割くことにしました。その結果、クライアントの商品を爆発的な勢いで売るなど、本業で目に見える成果をバンバン出せるようになっていったのです。

このように**原点に立ち返り、問題意識の段階から振り返って、読む本が合っていたのかどうかを考察する姿勢が「確かめる」の段階では大切**です。

問題意識が間違っていたからといって、「読書した時間が無駄になった」「最初からちゃんと考えておけばよかった」などと落ち込む必要はありません。

むしろ、「本来優先すべき問題意識を再確認する機会ができてラッキー」くらいに思ってください。

前章で説明した通り、未知のものを探っていく過程に失敗はつきものです。失敗を繰り返すことで、次第に正しい方法を絞り込むことができます。

読書全体を振り返って評価して、「本のジャンル選びを間違った」「本のレベルが高すぎた」「想定していた内容と違った」といった**エラーがあったとしても、それは自分の目標にたどり着くための1つのプロセスにすぎない**のです。

それでも、できるだけ無駄な時間はなくしたいという方は、次のような視点で対策してみるのもいいでしょう。

- 評価対象にならないことに気づいたら、問題意識の見直しを図る（読む本のジャンルを変える）
- 本の内容が理解できなかったり、ハードルが高いと感じたりしたら、読む本のレベルを易しくする（レベルを変える）
- 本に書いてある通りに何度試しても成果が出なかったり、本の内容を実践しても腑に落ちなかったりしたら、別の著者の本にする（やり方を変える）
- 改善点や次のアクションを見出すことができなかったら、評価方法そのものを見直す

以上を押さえれば、精度の高い評価ができ、読書効率を確実に高めることができます。

検証実験の「評価」で重視すべき視点
――「行動」と「成果」を合わせて振り返る

行動と成果をセットで評価する

読書後に実験した内容を「確かめる」うえで、重視すべき視点が1つあります。

それは、「行動と成果をセットで評価する」ことです。

- 読書により、自分の「行動」がどう変わったのか？　それによりどんな「成果」が出たのか？
- 「行動」が原因となり、その結果として欲しい「成果」が得られたか？　当初の問題は解決できたか？

といったように、行動と成果を合わせて振り返り、その因果関係を捉えて評価する視点が不可欠です。

理系の学問では因果関係の証明や裏付けを重視しますが、読書においてもその点は注意深くチェックします。**原因と結果をバラバラに考えると、正しい評価ができなくなる**からです。

- 営業プロセスにおいて自分の行動を変えたら、その結果、売上や利益はどう変わったか？
- 部下のマネジメントに新しい手法を取り入れたら、離職率は減ったか？
- 本で紹介されていたエクセルのショートカットキーを覚えたら、業務時間がどれくらい短縮されたか？

このように**客観性の高い数値に着目し、行動する前と後を比較することで、評価しやすくなります**。

実験群とコントロール群に分ける

もし可能であれば、ビフォー&アフターの数値の比較だけでなく、57ページで紹介したように、検証実験を行う「実験群」と、何も行わない「コントロール群」に分けて比較・評価する「対照実験」の方法も試してみてください。この方法は、差異だけでなく因果関係の有無も判断しやすくなり、評価の精度が高まります。

たとえば、SNS上で「本に書かれていた手法でキャッチコピーを書いた記事」（実験群）と、「従来通り自分の思いつきでキャッチコピーを書いた記事」（コントロール群）を、異なる日に投稿してみます。

この結果を検証することで、「いいね！」の数やクリック数などがどれくらい変わったか、数値的にわかります。「ブログのPV数がなかなか上がらない」といった問題意識を持っていたとしたら、解決に大きく近づいた結果が出たといえるでしょう。

なお、**数値に表しにくいものであっても、できるだけ数値化してみることが大事**です。

例を1つ挙げます。セミナーを開催するにあたって、いろいろなアイデアを出さなければならない場面がありました（コントロール群）。

そこで、まずノウハウも何もない素の状態で、アイデアをいくつか考えてみました。

その後、『ザ・マインドマップ®』（トニー・ブザン、バリー・ブザン著、神田昌典訳、ダイヤモンド社、２００５年）を読み、そこで学んだマインドマップ®の手法を使って、アイデア出しを行ってみました（実験群）。

すると、同じ時間で2倍以上の数のアイデアを思いつくことができたのです。

もちろん、実験群とコントロール群に分けることが難しい場合もあります。

たとえば、学校の現場で、効果が出そうな指導方法を試すクラスと何もしないクラスに分けて指導することは、倫理的な問題もあって、なかなか実施できません。

したがって、実験群とコントロール群に分けての検証は、あくまで比較用の似たシチュエーション（お客さんAとお客さんB、去年の営

ザ・マインドマップ®

ビジネスパーソンに必須の思考ツールであるマインドマップ®の開発者が書いた本。アイデア発想が苦手な左脳型の人には特に画期的な手法と思われる。マインドマップ®を授業で採択している学校もあるほど。現在は新版が出ている。

業成績と今年の営業成績など）を用意できる場合にのみ行えばＯＫです。

このように、実験前の状態の基準を把握できるようにしておけば、実験によるプラス効果またはマイナス効果を把握できます。マイナス効果を確認したら、その方法は捨て、別のよりよい方法を探そうと決断できます。

自分がこれからやってみようとしている実験に対して懐疑的な思いがあるのなら、実験群とコントロール群に分けた対照実験を試してみるといいでしょう。

6つの評価からなるマトリクスでできているかどうかをチェックする

評価には「自己評価」と「他者評価」がある

「確かめる」の方法には、「自己評価」と「他者評価」があります。

より客観的な評価ができるのは「他者評価」ですが、他人に自分のことを評価してもらう機会はそうそうありません。したがって、理系読書における評価は、基本的には「自己評価」が多くなります。

しかし、自己評価は主観から抜け出せないため、どうしても客観性が低くなってしまうという問題点があります。

また、すべてのビジネスの根本は、他者の問題解決のサポートといえるため、自分のスキルアップも、他者をサポートし、他者に喜んでいただくことが最終的な目標のはずです。

6つの評価方法

	自己評価	他者評価 (フィードバック)
行動	リフレクション(内省) モニタリング(観察)	アンケート インタビュー
成果	ポートフォリオ	エフェクト・メジャメント (効果測定)

だからこそ、他者を意識する視点が非常に重要なのです。

スキルを身につける際は、自分の成長を「自分でどう感じたか」だけでなく、「他者からどう評価されるのか」という視点が欠かせません。

そのため、**理系読書の評価のステップでは、自己評価を中心にしつつも、時には他者評価も織り交ぜて行うことがポイント**です。

具体的な自己評価・他者評価の方法としては、次のようなものがあります。

【自己評価】

▼**リフレクション（内省）**

今やっていることからいったん距離をとって、自分の思考や言動を思い出し、客観的に振り返りながら評価する方法です。客観的に振り返って気づいたことをメモします。「教え方」であれば、「抽象概念をビギナーに説明するときには、その概念だけでなく、必ず相手の身近にある具体事例をセットにして説明しよう」といった振り返りをしながら評価しました。

▼モニタリング（観察）

自分の言動を記録し、それを観察します。記録を取っているので、リフレクション（内省）の際に思い出せないことや見逃しがちなところを確認できます。

たとえば「話し方」であれば、自分の話している様子を動画で確認します。「文章」や「学術研究」であれば、自分が書いた文章を時間を置いてから読み直してみることもモニタリングといえます。

このモニタリングを行ったときに得た気づきもメモしておきましょう。私は自分の話している姿を撮影したところ、緊張している場面ではやたら早口になっていたので、「緊張しているときこそ、聴き手に質問を投げかけたり、意識的に間をとったりして話すペースを落とそう」などとメモしていました。

▼ポートフォリオ

日々の学習過程で生み出される小さな結果の蓄積（活動記録）を、一連のプロセスで眺めて評価することを「ポートフォリオ評価」といいます。

「話し方」であれば、リフレクションやモニタリングをした際に得たメモの蓄積を見ながら、「自分の話し方は顧客満足につながったか」「営業での売上につながったか」などを評価します。「書き方」であれば、ブログの日々のアクセス数から、「セミナーの集客はできたか」「バックエンド商品（本命商品）が売れたか」などを検討します。

自分で積み重ねたものを俯瞰して眺めることで、結果からだけではわからないプロセスを正確に評価することができます。

【他者評価】

▼アンケート

質問を作って相手に配り、回答を得る方法です。どんな質問をすれば正確な評価が得られるか、質問項目を工夫する必要があります。難しく考える必要はなく、「本日のセミナーの満足度は、５段階のうち、いくつでしたか?・」など、この程度で十分です。

▼インタビュー

自分がモデレーター（インタビューする人）になって、1人または複数人にインタビューします。この場合も質問項目をあらかじめ考えておく必要があります。しかしこまったインタビューにする必要はなく、自分の行動や成果物を見てもらい、「私の話し方、どうだったでしょう？」と聞く程度でもかまいません。少々勇気がいる方法ですが、客観的な意見を聞くことができます。

▼エフェクト・メジャメント（効果測定）

第1章で、「読書した結果、どんな評価を得られるようになりたいか」を意識することが大事という話をしました。「受注につながった」「売上に結びついた」「離職率を下げることができた」など、読書前に設定した問題解決した後の理想像に近づいたかどうか、客観的に測定します。

具体的な測定方法はケースバイケースです。たとえば転職関連の本を読んだら、望んだ転職ができたかどうかを測定します。

このようにして、**他者評価と自己評価の手法をいろいろと組み合わせて実施することで、自己評価のズレを修正し、評価の精度を高めることができます。**「自分ではうまくいっていると思っていたけど実は違った」という勘違いを正すことができるわけです。

自己評価の精度を高めるたった1つのコツ

自己評価がうまい人は自己調整学習ができている

自己評価の精度を高めるための効果的な方法が、「メタ認知」を鍛えることです。

メタ認知とは、自分自身の考えを一段上から客観的に眺め、自分の学びがうまく進んでいるかを確認し、コントロールする能力を意味します。

メタ認知がうまくできる人は、自己評価を正しく行えるので、自らの間違いや修正点にすばやく気づくことができます。

メタ認知を高めるポイントは、評価を2つに分けて行うことです。

1つは、自分のアウトプットを客観的に観察すること。これはすでに説明した「モニタ

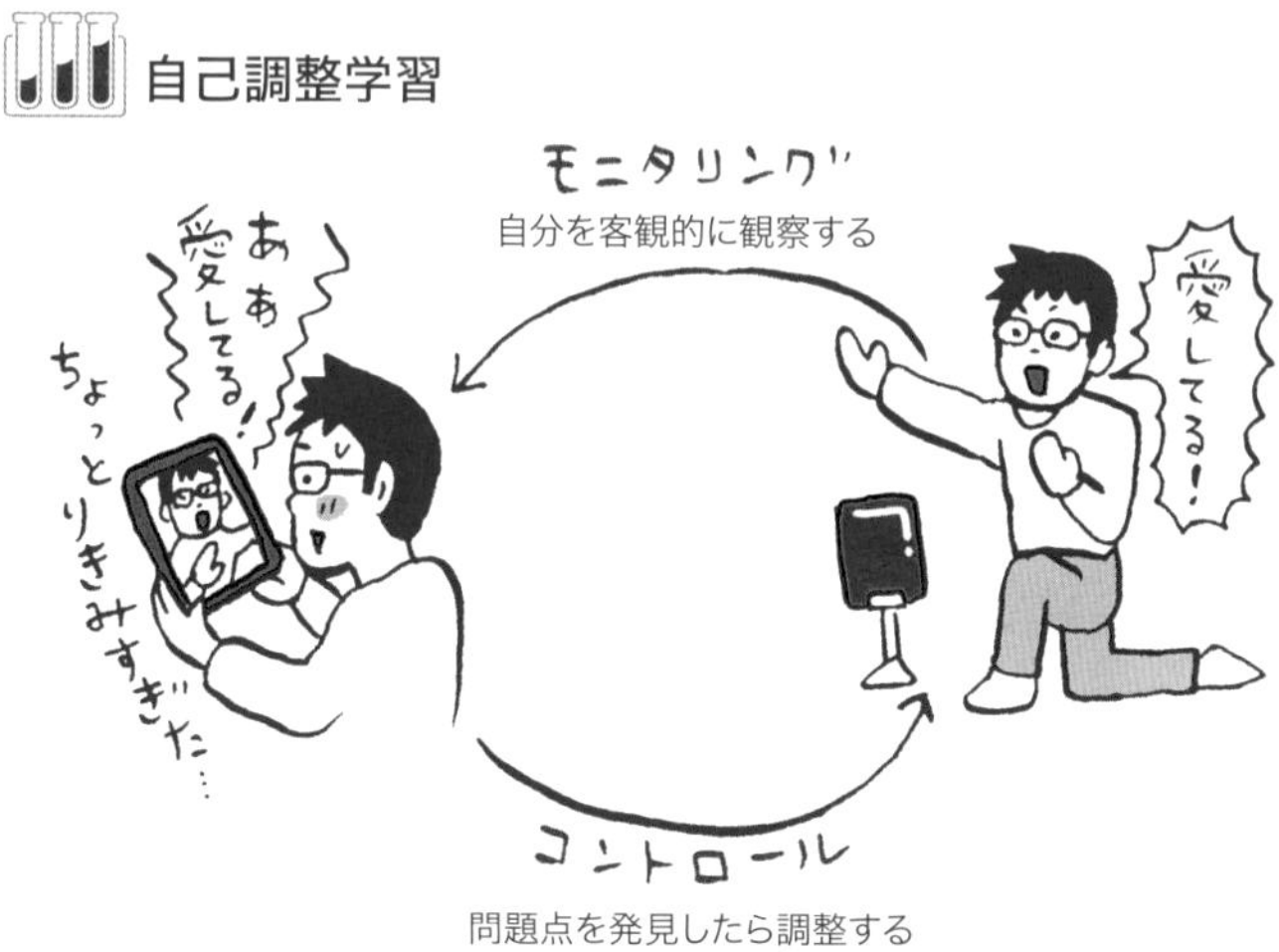
自己調整学習
モニタリング
自分を客観的に観察する
愛してる！
ああ愛してる！
ちょっとりきみすぎた…
コントロール
問題点を発見したら調整する

リング」です。自分の活動を撮影した動画を見たり、自分が書いた文章を読んだりします。

もう1つが、モニタリングした際に問題点を発見したら行動を調整すること。これを「コントロール」といいます。「ここが悪かったから、こう直していこう」と改善点を考える作業です。

これらの作業を同時にやるのではなく、**「今はモニタリング」「今はコントロール」というふうに、別々に分けて行います**。

別々に分けて行うことで、メタ認知が高まり、自己評価の精度が上がります。そうすると自分自身で学びをコントロールし、うまく改善できるようになります。このような学習方法を専門的には「自己調整学習」といいます。

一流のアスリートは自己調整学習がうまいと言

われています。自分自身で間違いや欠点に気づき、調整しながら次のステップに進むことができるのです。

他者に評価される機会がない人はエキスパートと比べてみる

私自身が社会に出てから困ったのは、他者からのフィードバックをもらう機会が非常に少ないことでした。

予備校講師は、基本一人で教壇に立って仕事をするもの。自分から質問でもしない限り、「ここがよかった」「あの教え方はいい」などと他の講師が指摘してくれることはまずありません。

一流の先生に授業を見てもらったり、生徒アンケートを実施して意見をもらったりする機会も稀にありましたが、頻度はとても少ない。そのため、日々の仕事に対する評価はほぼ自己評価のみでした。

そこで私が自己評価のスキルを高めるために行っていたのが、前述したモニタリングなのです。自分の授業の様子を動画に撮り、客観的に観察しました。自分を客観的に見ることで、自分のまずいところが一目瞭然にわかるのです。これをエキスパートと比べながら行うと、より精度の高い自己評価を行うことができます。

これは他のいろいろな分野でも活用できる方法です。

たとえば、統計学的なデータ処理のスキルアップをしたいときは、読書から得たスキルを使ってあるデータをまず自分なりにグラフなどにします。このグラフを、同じデータを使って分析したエキスパートのグラフと比較するのです。私の場合は大学入試のセンター試験の問題（データ）を自分なりに分析しまとめ、これを入試問題の分析に長けているベネッセコーポレーションや旺文社が公表しているセンター試験の分析結果と比較するなどしていました。

また、「自分の話している動画を見ても、どこをどう直していいかわからない」と悩む人もいるかもしれません。

そんな場合もやはり、**自分よりもスキルが上の人と比較してみるのがいい**でしょう。

たとえば予備校講師時代、私は講義などで簡潔に説明するのが苦手でした。どうしてもダラダラと話しすぎていたのです。

そこで、コンパクトな話し方が得意な先輩講師を探して、講義動画を視聴しました。

自分の講義動画と先輩の講義動画を見比べることで、「自分の話のどのあたりが冗長になりやすいのか」「どれくらいコンパクトに話せばいいのか」など、改善点に気づくことができました。

このように、自分とお手本を比較することで、精度の高い自己評価ができるようになります。

自分を成長させるには、その道のエキスパートと比べることが大切です。**エキスパートとまったく同じようにはできなくても、比較すれば改善ポイントは必ず見つかります。**

他者よりもうまくできないことに対して、悲観的に考える必要はありません。積極的に他者と比べることで、成長の糸口がどんどん生まれていくのです。

フィードバックをもらうべき最適な人の選び方

「愛」があって「批判」できる人からフィードバックをもらう

アンケートやインタビューといった方法で**「他者評価」を得る際の大事なポイントは、「誰に評価をしてもらうか」**です。

評価してもらう相手を選ぶのはかなり難しい問題で、私も長年悩んできました。

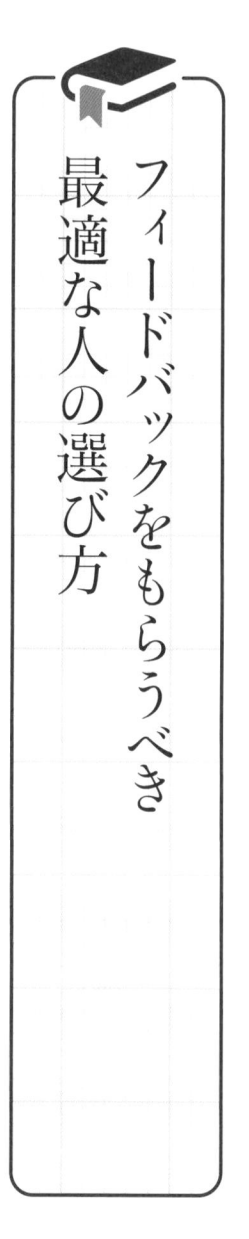

他者の評価は必ずしも正確ではなく、人によって意見が分かれてしまうことがあるからです。アンケートで多数の人から意見をもらう場合も、相手を間違えると、見当違いな意見に振り回されることがよくあります。

そんな悩みを解決してくれたのが、『insight　いまの自分を正しく知り、仕事と人生を劇的に変える自己認識の力』（ターシャ・ユーリック著、中竹竜二監訳、樋口武志訳、英治出版）でした。

この本によると、評価（フィードバック）をもらうべき相手は、1タイプしかいません。それは、自分に対して「愛があって」かつ「批判できる」人です。このタイプ以外からの評価は参考にする必要はありません。

たとえば、「愛がある」けれども「批判できない」人は、自分に対して妄信的だったり、恐怖心を抱いていたりする可能性があります。

絶対的な力を持つ社長とその部下、カリスマ講師とその生徒といった関係の場合、部下や生徒に対して、社長や講師が意見を求めても、べた褒めされたりおべっかを使われたりするため、正しい評価をするための意見としてはまったくアテになりません。

また、「愛はない」けれど「批判できる」人の意見は、辛辣なだけ。嫉妬心で理不尽な評価をしてきたり、単なる誹謗中傷、罵詈雑言を投げつけてきたりすることもあります。

insight
いまの自分を正しく知り、
仕事と人生を劇的に変える自己認識の力
21世紀型スキルの1つとして注目を集めているメタ認知力を高める方法を網羅している。自己認識を強化するためのテクニックを含め、陳腐化しないコンテンツで埋め尽くされている。永久保存版として使える数少ないノウハウ書。

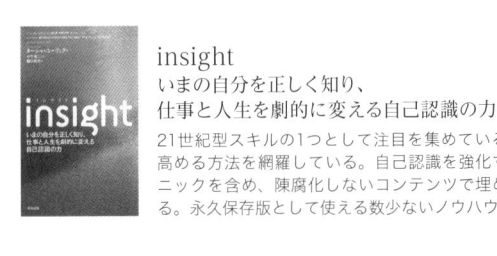

誰から評価をもらうべきか？

		愛	
		ある	ない
批判	できる	◎ （相互信頼の度合いが高い）	× （嫉妬心、理不尽）
	できない	× （妄信的、恐怖心）	× （問題外）

『insight』の内容をもとに著者作成

インターネット上の匿名によるコメントや書き込みなどはこれに該当します。あの類いの意見は評価として取り入れる必要はないのです。

最後に「愛がない」し「批判できない」人からの意見ですが、これは評価に関しては問題外でしょう。

ここで、「自分よりも能力が上の人からの意見じゃないと、正しい評価にならないのではないか？」と考える人もいるかもしれません。

結論からいえば、そんなことはありません。

たとえば私の妻は、私のように講義・講演を行う仕事はしていないので、スピーチや話し方といった能力においては私に一日の長があります。

しかし彼女は広告代理店に勤めているので、プレゼンスキルの高い人たちを日常的に目にしています。したがって、他人のプレゼンの巧拙を見極める目は持っています。

実際に私のセミナーを彼女に見てもらうと、的を射た指摘をたくさんしてくれます。その厳しいダメ出しがあるからこそ、私はプレゼンスキルを高めていくことができるのです。フィードバックをもらう条件を満たしている妻からの意見は、私にとって最も参考になる他者評価といえます。

ですから、**他者評価を得たいときには、自分に対して愛があって、かつ率直に批判してくれる人を見極めて、意見をもらうようにしましょう**。

パートナーでなくともかまいません。自分が信頼していて、相手も自分のことを信頼してくれている人、たとえば「この人は尊敬できる！」「この人のコメントであれば、批判的なものも受け入れられる」みたいな人が理想です。

そんな人をつかまえて、勇気を持って「私のメールの書き方ってどう？　トゲトゲしてるように見えない？」「私のスケジュールの立て方を見て、率直な意見を言ってくれる？」などと聞いてみましょう。

骨の髄まで本を活用する「読書メンテナンス術」

ジャンルまとめ読みと著者まとめ読み

あなたは読み終わった本をどう扱っていますか?

私の場合、読み終わった本は本棚に入れておき、時間を空けた後に、まとめ読みするようにしています。

本は1回読めば十分で、短期間に何度も読むことはよほどのことがない限りしませんが、時間を空けてから読み返すことは定期的に行っています。いわゆる「読書のメンテナンス」です。

定期的に読み返すことで、内容を再確認できるのはもちろんのこと、読み返すことで新たな気づきを得られるときもあるからです。

私のまとめ読みの方法は、次の2種類です。

①ジャンルまとめ読み

読了した本の中でも、中長期的に使いたいと思った本をとっておきます。

そして1か月に1回程度、何らかのジャンルを決めて本を集め、過去に付せんをつけた部分や、目次をざっと読んで気になった部分を読みます。

私が最近まとめ読みしたのは、人工知能を中心とした最新テクノロジー系の本と、マーケティング関連の本です。

まとめて読んだことで、自分がこれまでどんな問題意識を抱えていたか、その問題意識は解決できたのかが、よりクリアになりました。

また、テクノロジー系の本の場合、まとめて読むことで、「あの本で著者が言っていたことは、ここに関係してくるのか」とテクノロジーどうしの横のつながりが見えてきます。結果、点と点が線でつながり、そのジャンルに対する理解を深めることができます。

私の場合、5〜10冊をセットで、30分から1時間くらい使ってジャンルまとめ読みをすることが多いです。

②著者まとめ読み

読了した本の中で、同じ著者の本をまとめて読むこともあります。私の場合は、半年に1回くらい、著者まとめ読みをやるようにしています。

「著者」を1つのコンテンツとみなすと、本1冊は、「部分」にすぎません。一方、著者の本をまとめて読めば、著者の考え「全体」に触れることができます。著者まとめ読みは、著者の頭の中全体を自分の脳にインストールする感覚に近いかもしれません。

たとえば最近では、芸術家の岡本太郎氏、『考具』著者の加藤昌治氏、メンタリストＤａｉＧｏ氏、立教大学教授の中原淳氏などの本をまとめ読みしました。

著者まとめ読みのときは、目次はもちろん、付せんを貼っていない箇所も読むようにします。そのため、ジャンルまとめ読みよりも多くの時間とエネルギーを使います。5冊くらいの読書で2時間以上かかることもあります。

新たな気づきが出てくる可能性

①ジャンルまとめ読み、②著者まとめ読みをするなかで、新たな課題や検証したいことが出てくることもあります。そんなときは第3章で紹介したフォーマットに追記し、実験

を行います。

むしろ、新たな気づきが出てきて当然です。過去の自分よりも今の自分のほうが新しい知識が増え、問題意識も変わっているからです。

したがってまとめ読みするときも、目次チェックは忘れないようにしましょう。**目次をチェックすることで、過去の自分と今の自分で、問題意識が異なっていることを発見できる**場合があります。

まとめ読みをすることで、過去には心に響かなかった言葉が、今の自分には響いてくることもあります。

特に**良書は、読むたびに新しい気づきや視点を与えてくれます**。私の場合は岡本太郎氏の本がそんな存在です。

私にとっての本棚は冷凍庫。食材（本）がたくさん詰まっていて、時々それを解凍して調理すると、思いがけずおいしい料理が作れます。

「もう使わない」と判断できる本は、読了後すぐに捨ててもかまいませんが、「将来的に読み返したいかも」と思った本は保管しておくことをお勧めします。

本を長期保存しておけば、長い人生のうちに何度でも味わうことができるからです。

「積ん読」をなくすシンプルな仕組み

「確かめる」を終えたら次の本を買える仕組みにする

「本を買ったけれども読まないで、積んだままになっている」――いわゆる「積ん読」で悩んでいる方は多いかもしれません。

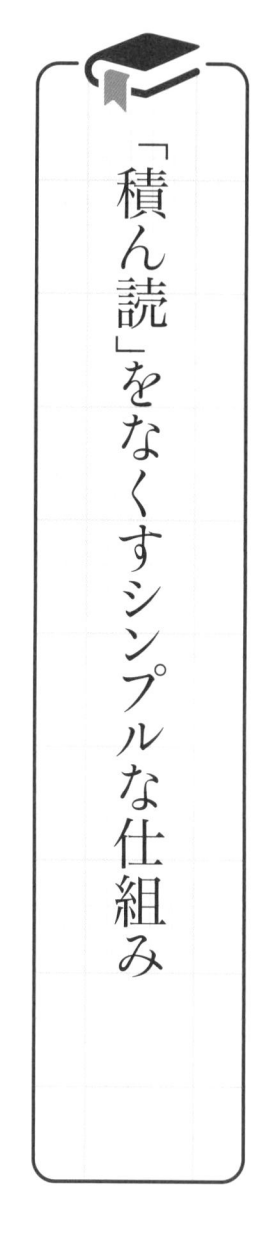

これまで紹介してきた「理系読書」の手法では、本はすぐ使うために買うので、積ん読にならないはずです。ただ、それでも積ん読になってしまう場合のお話をしましょう。

まず、基本的に**積ん読になったからといって、気にしたり自己嫌悪に陥ったりする必要はありません**。問題意識の優先順位が変わることはよくありますから。それに、本を選んで買うことは、それ自体がワクワクして楽しい行為ですよね。したがって自分を抑制しないと、ついあれこれと買ってしまうことがあるかと思います。そのうちに、読むスピードよりも買うスピードのほうが速くなり、結果、積ん読になってしまうことも……。

ただ、私からするとそれはまったく問題ではありません。**大事なことは、「読書をやめないこと」**。本から何かを学ぶ活動をやめなければ、それでいいのです。

もし、「せっかく買った本なのに読まないのはもったいない」というストレスを積ん読で感じてしまうなら、1つ提案です。

「読む」「やってみる」「確かめる」の超合理化サイクルのうち、**「確かめる」を行うまでは新しい本は買わないと自分に課してみる**のです。

新しい本は、1サイクルを終えたご褒美にするのです。

このようなルールを設定しておけば、ただ読むだけでなく、「確かめる」までをきちんとやろうという動機付けにもつながります。これにより、1冊の本を消化し切ることが容易になるのです。

また、**本を買ったその日のうちに、「読む」の1〜4ステップのうち、「【ステップ2】本の旨味を抽出する」の「スクリーニング」までやってしまうこと**です。問題意識が最も強いのは、本を購入した直後だからです。

スクリーニングをやるのにかかる時間は5分程度。目次を読んで、自分の問題意識に合致する箇所にペンで印をつけたり、目立つ蛍光色の付せんを貼ったりするだけの簡単な作業です。

ペンで印をつけることで、返品できなくなり、古本屋にも買い取ってもらいにくくなります。「だから読まなければ」「読んで元を取らなければ」という意識も生まれます。

付せんを貼ることにも、積ん読を防ぐ効果があります。

本からピンクや黄色の付せんが飛び出して見えるので、積ん読にしておくと目立ちます。私はそれを、あえて玄関先やベッドの脇などに置いておきます。本が私に「ここおいしいから、読んで！」と、訴えかけるようにしておくのです。

すると、出かけるときについついカバンの中に本を入れることになります。その結果、いつも2冊ほど持ち歩いています。

本をカバンに2冊も入れておくと、結構な重みを感じます。それにより「こんな重たい思いをしているんだから、読まないと損だ！」と、自分を動機付けることもできます。

ちなみに私は電子書籍を読むこともありますが、理系読書の読み方をする際は紙の本をよく使っています。その場でメモを取ったり、複数ページ、または複数冊の本を比較しながら読んだり参照したりするのに、なんだかんだいっても紙の本のほうが勝手がいいためです。

余談ですが、緊急性はないものの、自分にとって長期的な視点で重要だと直感的に思った本は、理系読書の手法とは別に読むことをお勧めします。

たとえば、私は岩波文庫を中心とした哲学書や古典系の教養書が大好きなので、ベッドの枕元に置いておき、リラックスしながら時間を気にせず読むようにしています。それらの本は私にとって、問題意識外にある別腹、つまり食後のスイーツ的存在なのです。

主食にあたる本は、仕組み化して積極的に理系読書の方法で読むようにし、スイーツ的な本は好きなときに好きなだけ時間を使ってのんびりと読む。そんなふうに読み分けています。

新たな問題意識と仮説を創ろう
――次なる読書へ向けて

本はいつでも新鮮な発見を提供してくれる

理系読書のやり方に沿って、「読む」「やってみる」「確かめる」の超合理化サイクルで、自分の持っている問題意識を解決できたら、次の本を手に取るタイミングです。

人間、生きている限り問題がすべて解決することはありません。1つの問題が解決できたら、また新たな問題が生じるものです。

私は自分の強みがわからないと悩んでいた時期に、『さあ、才能《じぶん》に目覚めよう　新版　ストレングス・ファインダー2・0』（トム・ラス著、古屋博子訳、日本経済新聞出版）を読んで、自分の強みを発見

さあ、才能《じぶん》に目覚めよう　新版
ストレングス・ファインダー2.0

自分だけの強みを知るウェブテストはきわめて価値が高い。強みを34の資質に分けており、資質の詳細がわかるだけでなく、その生かし方も紹介されており、非常にお買い得感がある。自己認識を高めるためにも大いに使える本である。

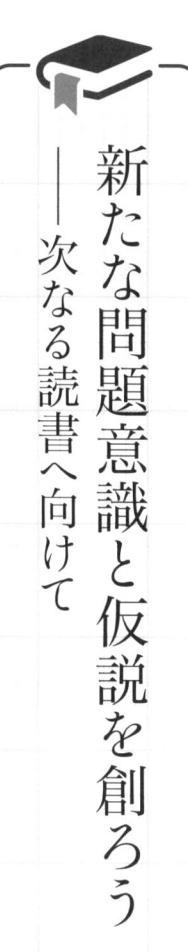

できました。

そうしたら、また新たな問題が生じたのです。自分の強みをビジネスの中で具体的にどう生かせばいいのか、です。

そこで今度は、『ビジネスモデルYOU』（ティム・クラーク、アレックス・オスターワルダー、イヴ・ピニュール著、神田昌典訳、翔泳社）を読み、パーソナル・キャンバスで自分自身のビジネスモデル化を行いました。

このように、**本を読めば読むほど新しい問題意識が湧き出てきて、新しい本に出合うきっかけを与えてくれます。**ビジネスが問題発見とその解決の連続であるように、読書も1回で完結するものではなく、連続していくものです。それゆえ、「超合理化サイクル」なのです。

部分的には人間の脳をすでに超越しているAIも、問題発見することとは苦手です。

したがって新たな問題が出てくることを、「次から次へと問題ばかり……」などとネガティブに捉える必要はありません。問題発見は、

ビジネスモデルYOU

本書にある「パーソナル・キャンバス」というテンプレートを埋めるだけで、自分自身のビジネスモデルが丸裸にされる。フリーランスや個人事業主の方はもちろんのこと、企業にお勤めの方でセルフプロデュースしたい人にもお勧め。

人間が持つＡＩよりも優れた能力の１つだからです。ＡＩにできない問題発見が読書をより面白くしていくのです。

問題をまったく見つけられない毎日よりも、次々と新たな問題を見つけることができる日々を送ったほうが、人生はより刺激に満ちあふれていくはずです。

なぜならば、あなたが問題を解決することが、目の前の人、あるいは自分に関係する誰かの幸せにつながるからです。そう考えると、問題発見を絶え間なく続けていく人生のほうがワクワクすると思いませんか？

そんな人生にしてくれる１つの手段が、理系読書なのです。

第4章 まとめ

読書における評価の必要性

- 正しい「評価」で、無駄な読書をなくすことができる
- 検証実験の結果だけでなく、超合理化サイクルのプロセス全体を評価し、見直しを図る

検証実験の「評価」で重視すべき2つの視点

- 視点１――行動と結果をセットで評価する
- 視点２――行動の前と後を比較し評価する
- 可能であれば、実験群とコントロール群に分けて比較し、評価する

6つの評価からなるマトリクスでできているかをチェック

- 自己評価――リフレクション（内省）、モニタリング（観察）、ポートフォリオ
- 他社評価――アンケート、インタビュー、エフェクト・メジャメント（効果測定）

自己評価の精度を高めるたった1つのコツ

- 自己評価の精度を高めるには、「メタ認知」を鍛える
- メタ認知を鍛えるポイント――評価を2つに分割して行う
  - ①自分のアウトプットを客観的に観察する
  - ②問題点を発見したら行動を調整する
- エキスパートと比べることで、より精度の高い自己評価ができる

フィードバックをもらうべき最適な人の選び方

- 最適な人材――自分に対して「愛」があって「批判」できる人

読書メンテナンス術――骨の髄まで本を活用する2つの読み方

- ①ジャンルまとめ読み――中長期的に使いたいと思った同ジャンルの本をまとめて読む方法
- ②著者まとめ読み――頭の中をインストールしたいと思った著者の本をまとめて読む方法

「積ん読」をなくすシンプルな仕組み

- 積ん読で自己嫌悪になる必要はない
- 超合理化サイクル「確かめる」を行うまで新しい本は買わないと決める
- 本を買ったその日のうちに超合理化サイクル「読む」のステップ2までやる

おわりに

「もし、本がなかったら、今の自分はどうなっていただろう……」

自分の本棚を見渡しながら、たまにそんなことを思います。

「やっぱり、今の自分はいないかな」

結局、たどり着く答えはいつも同じ。今の私は、これまで出合ってきた本でつくられています。本の中に詰められた「先人の知」が「私」を形成していると感じています。

幾度となく本に救われました。仕事だけでなく、家族のことや恋愛のこと。問題が起こったり、悩んだりしたときは、いつも本が自分を救ってくれたのです。

本には感謝しかありません。

ここで、本以外の方にお礼の言葉を述べさせてください。

本書の刊行にあたり、多くの方にお世話になりました。ダイヤモンド社の武井康一郎さんは、本づくりで一番お世話になりました。時には心が折れそうになるくらいの切れ味鋭い質問をたくさんぶつけてくださり、本書のコンテンツを研ぎ澄ませてくださいました。

担当編集が武井さんでなかったらこの本は絶対に完成しませんでした。私の心を鍛えてくれたことも含め、本当に感謝申し上げます。暗黙知であった私のコンテンツを文章化してくださった平行男さんには本当にご苦労をかけました。感謝の気持ちでいっぱいです。

何冊もの著作を拝読させていただいたベストセラー作家の藤井孝一さん、『不良在庫は宝の山』（マイナビ）の著者である竹内唯通さん、『どう伝えればわかってもらえるのか？部下に届く言葉がけの正解』（ダイヤモンド社）の著者である吉田幸弘さんには、武井さんとの出会いの機会をいただきました。すばらしい場のご提供とご紹介、誠にありがとうございました。

アイデア本のバイブルで大ベストセラーとなった『考具』（CCCメディアハウス）著者の加藤昌治さんには、本書の企画コンセプトのきっかけをいただきました。またお酒の席をご一緒させていただけると嬉しいです。

『会社に入ったら三年間は「はい」と答えなさい』（東洋経済新報社）の著者で、日本経営合理化協会の園部貴弘さんには本書にあるノウハウの評価を頂戴しました。自信を与えてくださる珠玉のアドバイス、誠にありがとうございました。いち読者としてアドバイスをくれた友人の大橋啓人くん、後輩の山本健太郎くん、原点に立ち返ることができた的確なコメント、本当にありがとう。

自分の本業や書籍執筆で超多忙なのにもかかわらず、私のサポートのためにたくさんの時間を費やしてくれた妻の綾香。いつも本当にありがとう。

いつも私の心配ばかりしている福岡の両親。あんなに本嫌いだった息子が読書術の本を書きました。2人を安心させられているかわからないけど、今は1日1冊くらいは本を読んでいます。

いつも元気いっぱいに私を迎え入れてくださる埼玉のお義父さんお義母さん。温かい笑顔とお気遣い、心より感謝申し上げます。またお会いできる日を楽しみにしています。

そして、本書を執筆している間に、27歳の若さで他界した首藤大貴くん。たくさんの専門書や学習参考書を読み比べして、何時間も議論したのは懐かしい思い出です。読んだ本の談義、もっともっとしたかった。この本が首藤くんのいるところにも届きますように。

最後に、本書を手に取ってくださっているあなたへ。

ここまでお読みくださり、本当にありがとうございました。私の拙い「知」に触れてくださり、心より感謝申し上げます。

本とは「知のバトン」だと思っています。バトンは、渡す人がいて初めて意味があります。

ただし、「知のバトン」は姿かたちを変えて、次の誰かに渡されます。

DNAが人の遺伝情報を次の代に残し続けていく、その仕組みと同じです。

まったく同じDNAが存在しないように、「知のバトン」もまた、まったく同じものはありません。

バトンを引き継いだ人は、その人なりのアレンジを加え、また他の誰かに託します。

人は、「知」のバトンリレーをこれからも続けていくのでしょうし、そうであってほしいと思っています。

だからこそ、読書に終わりはないし、読書という行為は、もっともっと自由なものであっていいのではないかとも思います。

最後にお願いです。本書を通じて私は、あなたにバトンを渡しました。次は、あなたの番です。

そのバトンは、もうあなたのものです。あなたの好きなかたちに変えてください。あなたの好きな色に染めてください。

そして、できることなら、そのバトンを次の誰かに渡してください。あなたの「知」を必要としている人が必ずいますから。

もちろん、本のかたちでなくてもかまいません。今のようなＳＮＳ時代には、あなたの「知」をつないでいく方法はいくらでもあります。

あなたのそのバトンを、今度は私が受け取りたい。

こんな活動を通して、あなたとまたこうしてつながることができる日を心から楽しみにしています。

自分の生命活動が停止する最後の瞬間まで、私は「知」のバトンリレーを続けていきたい。そんなことを思いながら、そろそろ筆を下ろそうと思います。

２０２０年９月吉日

犬塚壮志

参考文献

- 「学習時間を細かく分けた「45分」で「60分」と同等以上の学習効果を発揮」株式会社ベネッセコーポレーション進研ゼミ中学講座調べ
- Jeffrey D. Karpicke and Henry L. Roediger III “The Critical Importance of Retrieval for Learning,” 15 FEBRUARY 2008 VOL 319 SCIENCE
- Mary A. Pyc and Katherine A. Rawson “Why Testing Improves Memory:Mediator Effectiveness Hypothesis,” SCIENCE VOL 330 15 OCTOBER 2010

［著者］
犬塚壮志（いぬつか・まさし）
教育コンテンツ・プロデューサー／株式会社士教育代表取締役
福岡県久留米市生まれ。元駿台予備学校化学講師。立教大学大学院に在学中、生物物理学の研究で処理しなければならない膨大な海外論文と専門書の量に圧倒され、オーバーヒートしてしまい、一時期不登校になる。そこから抜け出すべく、自分の研究に必要な情報のみを瞬時にピックアップして活用し、それ以外の情報はすべて捨てきる、超合理的な理系脳読書術を身につける。時短を徹底した読書術により、研究時間を確保。浮いた時間でさらなるインプットとアウトプットが可能になり、東大入試よりも難しいといわれている業界最難関の駿台予備学校の採用試験に一発合格（当時、最年少）。社会人になってからは、専門書や学習参考書のほかにビジネス書や実用書の読書にいそしみ、平均1日1冊を読む。その読んだ内容を実務に反映させると、同校の季節講習会にて担当する化学受講者数が予備校業界で日本一となる（映像講義を除く）。さらに、年間1500時間以上の講義をしながら、模擬試験やテキスト教材、年間カリキュラムの作成、さらには学習参考書やビジネス書の執筆など、講義以外の活動も精力的に行う。その後、TOEFL、情報学、教育学、小論文、プレゼンテーションなどをすべて書籍での独学により、わずか４か月で東京大学大学院学際情報学府に一発合格。現在は、大学受験専門塾など２つの会社を経営する傍ら、同大学院に在学中。著書に、『東大院生が開発！ 頭のいい説明は型で決まる』（PHP研究所）などがある。

理系読書
——読書効率を最大化する超合理化サイクル

2020年９月29日　第１刷発行

著　者——犬塚壮志
発行所——ダイヤモンド社
〒150-8409　東京都渋谷区神宮前6-12-17
https://www.diamond.co.jp/
電話／03･5778･7233（編集）　03･5778･7240（販売）
装丁————杉山健太郎
本文デザイン—大谷昌稔
イラスト——伊藤ハムスター
製作進行——ダイヤモンド・グラフィック社
印刷・製本—勇進印刷
編集協力——平行男
編集担当——武井康一郎

ISBN 978-4-478-11168-0